CW00369413

CLASSEMENT DES RANDONNÉES

Très facile   Facile   Moyen   Difficile

Avertissement : les renseignements fournis dans ce topo-guide sont exacts au moment de l'édition. Toutefois, certaines transformations du paysage engendrées par l'urbanisation, la création de nouvelles routes ou lignes ferroviaires, l'exploitation forestière ou agricole, etc., peuvent modifier le tracé des itinéraires. Le balisage sur le terrain devient alors l'élément prioritaire du repérage, avant la carte et le descriptif. N'hésitez pas à nous signaler les changements. Les modifications seront intégrées lors de la réédition.

2e édition : février 2006
© Fédération Française de la Randonnée Pédestre 2006
ISBN : 2–7514 - 0148 - 1 / © IGN 2004 (fonds de carte)
Dépôt légal : février 2006

Les Départements de France ...à pied®

Le Tarn
...à pied®

50 promenades et randonnées

www.ffrandonnee.fr

association reconnue d'utilité publique
14, rue Riquet
75019 PARIS

SOMMAIRE

Ambialet. *Photo CDT 81.*

Choisir sa randonnée

Les randonnées sont classées par ordre de difficulté.

Elles sont différenciées par des couleurs dans la fiche pratique de chaque circuit.

très facile   Moins de 2 heures de marche.
Idéale à faire en famille, sur des chemins bien tracés.

facile   Moins de 3 heures de marche.
Peut être faite en famille. Sur des chemins, avec quelquefois des passages moins faciles.

moyen   Moins de 4 heures de marche.
Pour randonneur habitué à la marche. Avec quelquefois des endroits assez sportifs ou des dénivelées.

difficile   Plus de 4 heures de marche.
Pour randonneur expérimenté et sportif. L'itinéraire est long ou difficile (dénivelée, passages délicats), ou les deux à la fois.

Durée de la randonnée
La durée de chaque circuit est donnée à titre indicatif. Elle tient compte de la longueur de la randonnée, des dénivelées et des éventuelles difficultés. Pour information, en montée, un marcheur effectue en moyenne 300 m de dénivelée par heure.
Pas de complexe à avoir pour ceux qui marchent à «deux à l'heure» avec le dernier bambin, en photographiant les fleurs.

Quand randonner ?

■ **Automne-hiver** : les forêts sont somptueuses en automne, les champignons sont au rendez-vous (leur cueillette est réglementée), et déjà les grandes vagues d'oiseaux migrateurs animent les eaux glacées.

■ **Printemps-été** : suivant les altitudes et les régions, les mille coloris des fleurs animent les parcs et les jardins, les bords des chemins et les champs.

■ Les journées longues de l'été permettent les grandes randonnées, mais attention au coup de chaleur. Il faut boire beaucoup d'eau.

■ Du deuxième dimanche de septembre au dernier jour de février, des chasseurs, qui sont également des utilisateurs de l'espace rural pour la pratique d'une activité de loisir, peuvent intervenir à proximité des tracés de certains circuits proposés dans ce guide. Lorsqu'il s'agit d'une chasse collective organisée, ces derniers informent les autres utilisateurs de leur activité par la mise en place de panneaux « attention, chasse en cours ». Durant cette période, il est possible d'obtenir plus de précisions auprès des mairies qui se feront un plaisir de donner les coordonnées du président de la société de chasse locale.

Avant de partir, il est recommandé de s'informer sur le temps prévu pour la journée, en téléphonant à Météo France : 32 50   Internet : www.meteo.fr

Pour se rendre sur place

En voiture

Tous les points de départ sont facilement accessibles par la route.
Un parking est situé à proximité du départ de chaque randonnée.
Ne laissez pas d'objet apparent dans votre véhicule.

Par les transports en commun

■ Pour les dessertes SNCF, les horaires sont à consulter dans les gares ou par tél. au 36 35, sur Minitel au 3615 SNCF ou sur Internet : www.sncf.com

■ Pour se déplacer en car, se renseigner auprès des offices de tourisme.

 ## Où manger et dormir dans la région ?

Un pique-nique sur place ?

Chez l'épicier du village, le boulanger ou le boucher, mille et une occasions de découvrir les produits locaux.

Pour découvrir un village ?

Des terrasses sympathiques où souffler et prendre un verre.

Une petite faim ?

Les restaurants proposent souvent des menus du terroir. Les tables d'hôtes et les fermes-auberges racontent dans votre assiette les spécialités du coin.

Une envie de rester plus longtemps ?

De nombreuses possibilités d'hébergement existent dans la région.

	ALIMENTATION	RESTAURANT	CAFÉ	HEBERGEMENT
Boire, manger et dormir dans la région ?				
Ambialet	X	X	X	X
Andillac				X
Anglès	X	X	X	X
Barre				X
Boissezon	X	X	X	X
Brassac	X	X	X	X
Burlats	X	X	X	X
Castanet				X
Cordes-sur-Ciel	X	X	X	X
Curvalle		X	X	X
Damiatte	X	X	X	X
Dourgne	X	X	X	X
Ferrières				X
Gaillac	X	X	X	X
Gijounet				X
Labruguière	X	X	X	X
Lacabarède			X	X
Lacaune	X	X	X	X
Lacaze	X	X	X	X
Lacrouzette	X	X	X	X
Lamontélarié			X	X
Lautrec	X	X	X	X
Lavaur	X	X	X	X
Lisle-sur-Tarn	X	X	X	X
Lombers		X	X	
Marzens				X
Masnau				X
Mazamet (sentier Les Escaunelles à Roquerlan)	X	X	X	X
Milhars	X	X		X
Monestiés	X	X	X	X
Montredon-Labessonnié	X	X	X	X
Murat-sur-Vèbre	X	X	X	X
Nages	X	X	X	X
Pampelonne	X	X	X	X
Paulinet	X	X	X	X
Penne	X	X	X	X
Puycelsi	X	X	X	X
Puylaurens	X	X	X	X
Rabastens	X	X	X	X
Roquecourbe	X	X	X	X
Saint-Antonin-de-Lacalm		X	X	X
Saint-Salvi-de-Carcavès			X	
Salles		X	X	X
Salvagnac	X	X	X	X
Sérénac	X		X	X
Souel				X
Tanus	X	X	X	X
Vabre	X	X	X	X
Valdériès	X	X	X	
Viane	X	X	X	X

La randonnée est reportée en rouge sur la carte IGN

Rivière

Village

La forêt (en vert)

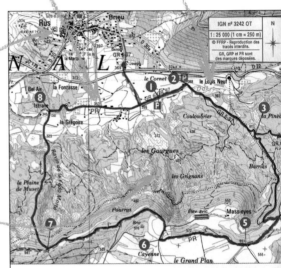

La fabrication de l'ocre

Le minerai brut d'extraction doit être lavé pour séparer l'ocre marchande des sables inertes. L'eau délaie la matière brute qui décante pendant le trajet pour ne laisser subsister que de l'ocre pur que le courant emporte dans les bassins. Après plusieurs jours de repos dans les bassins, l'eau de surface ne contient plus d'ocre. La couche d'ocre déposée au fond peut atteindre 70 à 80 cm d'épaisseur. Encore à l'état pâteux, la surface de l'ocre est griffée à l'aide d'un carrelet. Elle est ensuite découpée à la bêche et entassée en murs réguliers où les briquettes d'ocre achèvent de sécher. Le matériau part ensuite pour l'usine où s'achèvera son cycle de préparation : broyage, blutage et cuisson.

Colorado provençal. *Photo D. G.*

52

Pour en savoir plus

Nom et Numéro de la randonnée

Pour se rendre sur place

3 h
9 Km

Temps de marche à pied ←
Longueur ←

Classement de la randonnée :

 Très facile   Moyen
Facile   Difficile

Le Sentier des Ocres

 Fiche pratique 17

Cet itinéraire présente le double avantage d'une découverte à la fois panoramique et intime des ocres.

3 h
0 Km
572m
345m

Situation : Rustrel sur la D 22 à 13 km au Nord-Est d'Apt

Parking communal de Rustrel

Balisage
❶ à ❸ blanc-rouge
❸ à ❶ jaune

Difficulté particulière
■ passages raides dans la descente sur Istrane

Ne pas oublier

❶ Du parking, emprunter la route vers l'Est.

❷ Dans le prochain virage à gauche, prendre à droite l'ancien chemin de Rustrel à Viens qui descend vers la Doa. Franchir le torrent. Passer à côté d'un cabanon en ruine. Un peu plus haut, le chemin surplombe un cirque de sables ocreux.

❸ Laisser le GR® 6 à gauche. Plus haut le chemin surplombe le ravin de Barries et le moulin du même nom. En haut du vallon de Barries, prendre à gauche une route.

❹ Au carrefour suivant, tourner à droite.

❺ Après une petite ferme entourée de cèdres et de cyprès, prendre à droite le chemin qui parcourt le rebord du plateau.

❻ Après une courte descente, prendre à droite. Suivre le haut du ravin des Gourgues. Ne pas prendre le prochain sentier sur la gauche. A la bifurcation suivante, prendre à gauche le sentier à peu près horizontal qui s'oriente vers l'Ouest. Un peu plus loin, longer une très longue bande de terre cultivée. Se diriger vers la colline de la Croix de Cristol.

❼ Au pied de celle-ci, prendre à droite le sentier qui descend vers Istrane. *Il s'agit de l'ancien chemin de Caseneuve à Rustrel. Une éclaircie ouvre des points de vue sur les pentes ravinées de Couvin, sur la chapelle de Notre-Dame-des-Anges et sur Saint-Saturnin-lès-Apt. Au fur et à mesure de la descente, la végétation change de physionomie pour laisser place à des espèces qui affectionnent les terrains sableux.* Franchir la Doa et remonter la route jusqu'à Istrane.

❽ Au croisement, prendre à droite l'ancien chemin de la poste. Passer à proximité d'une ancienne usine de conditionnement de l'ocre, puis à côté de Bouvène. Avant de regagner le point de départ, on peut remarquer le site des Cheminées de Fées *(colonnes de sables ocreux protégées par des blocs de grès).*

À voir

 En chemin
■ Gisements de sables ocreux
■ Chapelle Notre-Dame-des-Anges

 Dans la région
■ Roussillon : sentier des aiguilles et usine Mathieu, consacrés à l'exploitation de l'ocre.

53

572m
345m   Point le plus haut
Point le plus bas

  Parking

  Balisage des sentiers *(voir page 13)*

  Attention

  Prévoir des jumelles

  Prévoir une lampe de poche

  Emporter de l'eau

  Accessible à VTT, seulement pour certaines randonnées

Accessible à cheval, seulement pour certaines randonnées

Sites et curiosités à ne pas manquer en chemin

Autres découvertes à faire dans la région

Description précise de la randonnée

Des astuces pour une bonne rando

■ Prenez un petit sac pour y mettre la gourde d'eau, le pique-nique et quelques aliments énergétiques pour le goûter.
Le temps peut changer très vite lors d'une courte randonnée. Un coupe-vent léger ou un vêtement chaud et imperméable sont conseillés suivant les régions.
En été, pensez aux lunettes de soleil, à la crème solaire et au chapeau.

■ La chaussure est l'outil premier du randonneur. Elle doit tenir la cheville. Choisissez-la légère pour les petites randonnées. Si la rando est plus longue, prévoyez de bonnes chaussettes.

■ Une carte d'identité est nécessaire pour les circuits en zone frontalière.

■ Mettre dans votre sac à dos l'un de ces nouveaux petits guides sur la nature animera la randonnée. Ils sont légers et peu coûteux. Pour reconnaître facilement les orchidées sauvages et les différentes fougères. Cela évite de marcher n'importe où et d'écraser des espèces rares ou protégées.

■ Pour garder les souvenirs de la randonnée, des fleurs et des papillons, rien de tel qu'un appareil photo.

■ Les barrières et les clôtures servent à protéger les troupeaux ou les cultures. Une barrière ouverte sera refermée.

■ Les chiens sont tenus en laisse. Ils sont interdits dans les parcs nationaux et certaines zones protégées.

À VTT et à cheval

Certains circuits de ce guide peuvent être parcourus à vélo tout terrain et à cheval. Lorsque c'est le cas, le symbole correspondant est alors figuré dans la fiche pratique du circuit.

SUIVEZ LE BALISAGE POUR RESTER SUR LE BON CHEMIN.

LE BALISAGE DES SENTIERS	PR®	GR®	GRP®
Bonne direction			
Tourner à gauche			
Tourner à droite			
Mauvaise direction			

© Fédération Française de la Randonnée Pédestre - Reproduction interdite

Vous pourrez rencontrer d'autres couleurs de balisage sur le terrain. Elles sont indiquées dans la fiche pratique de chaque circuit.

PR LE CHATEAU 2 h

La randonnée : une passion *Fédé*ration

2900 associations affiliées sur toute la France organisent des randos accompagnées, pour tous les niveaux, sur une journée ou en itinérance. Rejoignez-les !

Créatrice des mythiques GR®, la Fédération participe à la promotion de la randonnée et défend l'environnement en entretenant les 180 000 km de sentiers balisés.

FFRandonnée 🚶
www.ffrandonnee.fr

La Fédération organise des stages de formations adaptés à vos besoins : du brevet d'animateur de randonnée ou de baliseur à l'apprentissage de la lecture de carte et de l'orientation.

La Fédération propose à tous, une assurance et divers avantages pour randonner en toute sérénité, en groupe ou individuellement, avec la licence ou la Randocarte®.

Pour connaître l'adresse du Comité de votre département, pour tout savoir sur l'actualité de la randonnée et découvrir la collection des topo-guides® :

www.ffrandonnee.fr

Centre d'Information de la Fédération Française de la Randonnée Pédestre
14, rue Riquet 75019 Paris - Tél : 01 44 89 93 93
Ouvert du lundi au samedi de 10h à 18h.

Où s'adresser ?

■ Comité régional du Tourisme Midi-Pyrénées

• 54, boulevard de l'Embouchure, BP 2166, 31022 Toulouse Cedex 2, tél. : 05 61 13 55 48

■ Comité départemental du Tourisme du Tarn (CDT)

• CDT du Tarn, Moulins Albigeois, 41, rue Porta, BP 225, 81006 Albi Cedex
tél. : 05 63 77 32 10, fax : 05 63 77 32 32 ; e-mail : documentation@cdt-tarn.fr ;
site internet : www.tourisme-tarn.com

■ Offices de tourisme et Syndicats d'initiative

Ouverts toute l'année

Albi : 05 63 49 48 80
Anglès : 05 63 74 59 13
Blaye-les-Mines - Cap'Découverte
05 63 80 15 00
Brassac : 05 63 74 56 97
Carmaux : 05 63 76 76 67
Castelnau-de-Montmiral : 05 63 33 15 11
Castres : 05 63 62 63 62
Cordes-sur-Ciel : 05 63 56 00 52
Gaillac : 05 63 57 14 65
Graulhet : 05 63 34 75 09
Labastide-Rouairoux :05 63 98 07 58
Labruguière : 05 63 50 17 21
Lacaune : 05 63 37 04 98
Lautrec : 05 63 75 31 40
Lavaur : 05 63 58 02 00
Les Cammazes : 05 63 74 17 17
Lisle-sur-Tarn : 05 63 40 31 85
Mazamet : 05 63 61 27 07
Mirandol-Bourgnounac : 05 63 76 97 65
Monestiès : 05 63 76 19 17
Montredon-Labessonnié : 05 63 70 52 91
Murat-sur-Vèbre : 05 63 37 47 47
Nages - Lac du Laouzas : 05 63 37 06 01
Penne - Pays de Vaour : 05 63 56 36 68

Puycelsi - Grésigne : 05 63 33 19 25
Puylaurens : 05 63 75 28 98
Rabastens : 05 63 33 56 90
Réalmont : 05 63 79 05 45
Saint-Juéry : 05 63 45 01 07
Saint-Paul-Cap-de-Joux : 05 63 70 52 10
Saint-Pierre-de-Trivisy : 05 63 50 48 69
Saint-Sulpice-la-Pointe : 05 63 41 89 50
Salvagnac : 05 63 33 57 84
Sidobre «Paysage sculpté» - Le Bez :
05 63 74 63 38
Sorèze : 05 63 74 16 28

Saisonniers

Alban : 05 63 55 93 90
Ambialet : 05 63 55 39 14
Cahuzac-sur-Vère : 05 63 33 91 71
Lacaze : 05 63 37 27 18
Larroque : 05 63 33 11 18
Noailles : 05 63 56 85 24
Pampelonne : 05 63 76 39 66
Roquecourbe : 05 63 75 80 29
Saint-Amans-Soult : 05 63 98 87 31
Tanus : 05 63 76 36 71
Teillet : 05 63 55 70 08
Trébas : 05 63 55 88 92
Vabre : 05 63 50 48 75

■ Divers

• Espace Randos et Paysages : vitrine thématique,
6, rue Saint-Clair, BP 31, 81001 Albi Cedex, tél. : 05 63 47 73 06
• Conseil Général du Tarn, Service Espaces et Paysages, Hôtel du Département,
81013 Albi Cedex 9, tél. : 05 63 45 64 64
• Nouveau Loisir Accueil Tarn (locations de maisons, séjours, hôtels, chambre d'hôtes, camping, cir-
cuits de randonnée,...), 6, rue Saint-Clair, 81011 Albi Cedex 9, tél. : 05 63 47 73 00
• Gîtes du Tarn (location de maisons, de chambres d'hôtes, de gîtes de séjour et d'étapes, de gîtes d'en-
fants,...), Maison de l'Agriculture, BP 80332 – 81027 Albi cedex 9, tél. : 05 63 48 83 01
• Logis de France, 6, rue Saint-Clair, BP 31, 81001 Albi Cedex, tél. : 05 63 47 73 04
• Clévacances, 6, rue Saint Clair, BP 31, 81001 Albi Cedex, tél. : 05 63 47 73 05
• Société Tarnaise des Sciences Naturelles, chez M. Philippe Durand, 16 rue du Pont, 81570 Vielmur-
sur-Agoût, tél. : 05 63 74 31 68, 1, rue Caneverde,
81100 Castres, tél. : 05 63 59 27 99
• Ligue pour la Protection des Oiseaux, Place de la Mairie, Aile du Château, BP 27, 81290 Labruguière, tél. :
05 63 73 08 38
• Office National des Forêts (ONF), 5, rue Christian d'Espic, 81100 Castres, tél. : 05 63 62 12 60
• Parc Naturel Régional du Haut-Languedoc, 13, rue du Cloître, BP 9,
34220 Saint-Pons-de-Thomières, tél. : 04 67 97 38 22
• Institut Environnement Tarn (labellisé CPIE des Pays Tarnais), 76 avenue du Sidobre, 81100 Castres,
tél. : 05 63 59 44 33

■ La Fédération Française de la Randonnée Pédestre

• Le Centre d'Information
Pour tout renseignement sur la randonnée pédestre en France et sur les activités de la :
14, rue Riquet, 75019 Paris, tél. 01 44 89 93 93, fax 01 40 35 85 67
site internet : info@ffrandonnee.fr, internet : www.ffrandonnee.fr
• Le Comité Régional de la Randonnée Pédestre en Midi-Pyrénées
Maison des Sports, rue Buissonière, BP 81908, 31683 Labege Cedex, tél. 05 62 24 18 77, fax : 05 62
24 18 79, e-mail : contact@coramip.com
• Le Comité Départemental de la Randonnée Pédestre du Tarn
6 rue Saint-Clair, BP 31, 81001 Albi Cedex, tél. 05 63 47 33 70, fax : 05 63 47 33 73, e-mail :
cdrp81@cdrp81.com, site internet : www.cdrp81.com

Randonner dans le **Tarn**

Touriste en quête de découverte, simple promeneur ou Tarnais curieux de son environnement, chacun peut dans le Tarn profiter à loisirs d'un maillage ancestral de chemins propices à la randonnée.

Choisis parmi 3 500 km d'itinéraires sillonnant le Tarn, les «Sentiers d'intérêt départemental» présents dans ce guide ont vocation de satisfaire ce besoin d'évasion et de ressourcement en proposant la découverte d'une véritable mosaïque de paysages.

L'action volontariste en faveur de la randonnée dans le Tarn rassemble divers acteurs autour d'une même dynamique axée sur un objectif-qualité. Le Conseil Général, en relation avec les communes, assure la gestion de ces itinéraires-pilotes avec le concours de plusieurs structures partenaires : les associations d'insertion pour l'aménagement des parcours, une équipe technique d'agents du Conseil Général pour la signalétique, la restauration du petit patrimoine bâti jalonnant les circuits et identifiés par les architectes et paysagistes du CAUE du Tarn...

Outre l'animation des sentiers, le CDRP 81 assure avec ses associations membres une tâche primordiale de balisage et de surveillance des itinéraires doublée d'une mission de formation. Il symbolise l'ancrage local d'une politique de randonnée qui se doit d'être bien insérée dans le tissu local, avec le souci constant d'une relation avec les divers usagers et gestionnaires d'un espace à la fois lieu de loisirs, de production et de travail.

Mêlant ruralité et tradition industrielle, actifs, généreux, les pays tarnais ont su garder de justes équilibres entre tradition et modernité. Ils sont l'expression vivante de territoires aux caractères affirmés. Ils offrent mille richesses au détour de leurs chemins et des horizons paisibles qui invitent à cette sérénité, à cette affectivité indispensables à un rapport plus vrai à l'espace et à la nature... à l'émotion...

■ Thierry Carcenac
Président du Conseil Général du Tarn

■ Jean-Marie Fabre
Président du CDT

Découvrir le Tarn

Cordes-sur-Ciel. *Photo DR-CG 81.*

À l'extrémité sud-ouest du Massif Central, la géographie du Tarn est commandée par une position charnière entre hautes terres à l'est et collines du Bassin Aquitain à l'ouest. Si les cours d'eau tarnais courent vers l'ouest rejoindre l'Atlantique, le vent d'Autan sait porter loin vers le nord les effluves méridionales. Dans un climat tarnais de transition, mêlant influences océaniques, continentales et méditerranéennes, le vent d'Autan, prolongement du «marin» méditerranéen, est une originalité. Il est célèbre pour ses bourrasques et ses coups de chaleur estivale et apprécié pour adoucir les hivers et ensoleiller les automnes.

Dans ce contexte physique, au carrefour d'événements géomorphologiques, climatiques, biogéographiques, les hommes ont inscrit avec des nuances l'empreinte de leurs façons d'être, de vivre, de travailler. Ici, quelques kilomètres suffisent pour changer d'univers.

Du vignoble gaillacois aux chênaies de Grésigne, des landes du Lacaunais aux coteaux du pays de Cocagne, des rocs du Sidobre aux hêtraies de la Montagne Noire, le Tarn présente un assemblage subtil de petits pays. Les schistes, le granite, les grés ou le calcaire marquent les terroirs façonnés par les hommes - éleveurs, vignerons, forestiers...

Si les traditions d'élevage et de polyculture, l'emprise de la forêt imprègnent les paysages tarnais de ruralité, certains conservent l'héritage d'une grande tradition industrielle. Cette dynamique d'activités se lit dans un maillage relativement dense de villes moyennes installées sur les nombreux cours d'eau. Les deux pôles urbains d'Albi et Castres et leurs satellites industriels, Carmaux et Mazamet, sont au contact entre plaine et montagne. Les bourgs ruraux se multiplient dans une campagne vivante, gardienne d'un équilibre précieux entre tradition et modernité.

Castres. *Photo CDT 81.*

Hautpoul en Montagne Noire. *Photo PB-CDT 81.*

Une mosaïque de paysages...

Au sud, entre domaines atlantique et méditerranéen, le massif charpenté de la Montagne Noire offre de vastes espaces forestiers. Les belles hêtraies des sommets se distinguent dans la variété des boisements de feuillus et conifères. Un chapelet de clairières met en valeur des paysages pastoraux traditionnels, d'étonnants petits causses aux pelouses rases et de somptueux panoramas.

Vers le Mazamétain, la vallée du Thoré combine la fraîcheur de ses prairies à l'empreinte du patrimoine industriel textile. Son profond sillon coupe la Montagne Noire du plateau d'Anglès gagné par les peuplements résineux. Hameaux et fermes massives y animent un corridor de clairières aux ambiances champêtres. Aux portes de la plaine, le massif granitique du Sidobre surprend et fascine le visiteur par le pittoresque de ses rochers sculptés en boules, de ses gigantesques chaos coulant en rivières de rochers. Le métier ancestral de la « pèira » fonde ici toute une société. À ses pieds, le causse de Caucalières, avec ses corniches calcaires et ses étendues steppiques ajoute une note singulière dans ce « patchwork » de paysages.

Massif granitique du Sidobre. *Photo DR-CG 81.*

Monts de Lacaune. *Photo CDT 81.*

Dans le Haut-Agoût, une dorsale de sommets arme les Monts de Lacaune. Omniprésente, la forêt abandonne quelques hauteurs aux landes et le fond des cuvettes humides aux tourbières. Vers Lacaune et Murat, sous le belvédère du Montalet, les prairies ourlées d'un fin bocage habillent un curieux assemblage de dômes arrondis. La brebis de Lacaune y symbolise une tradition de production de lait pour les fromageries de Roquefort. Associant richesses naturelles et forte identité, ces montagnes du sud Tarnais, sillonnées de ruisseaux et parsemées de lacs, constituent un patrimoine du Parc Naturel Régional du Haut-Languedoc.

Vallée du Viaur. *Photo DR-CG 81.*

Au nord de la vallée du Gijou s'étirent les hauts plateaux herbagers du Ségala tarnais. Occupant la partie ouest du département, ils se prolongent en croissant jusqu'au nord du Carmausin, se fondant dans les terres rouergates de l'Aveyron. À 600 - 700 mètres d'altitude, les grandes prairies quadrillées de clôtures, ponctuées d'arbres, les bâtiments d'exploitation, les hameaux et les gros villages agricoles font l'essence même de ce pays d'élevage. L'agriculture modernisée y combine avec une ambiance montagnarde affirmée. De «pechs» en «plos», de magnifiques panoramas s'ouvrent sur les larges horizons qui masquent de puissantes vallées (Dadou, Tarn, Cérou, Viaur).

Au contact avec la plaine, le bassin de Carmaux, ancien complexe houiller, se singularise par les marques de son passé industriel. La forte identité des lieux et la mémoire de la mine sont consacrées autour du site de la «grande découverte» reconvertie en pôle de loisirs.

Les reliefs tabulaires du causse d'Albi-Cordes, avec leurs bâtisses de pierre blanche posées au cœur des cultures ou des vignes, font la transition avec les collines de l'ouest. La vallée du Cérou y a creusé un amphithéâtre où s'élèvent les magnifiques perspectives de la cité médiévale de Cordes-sur-Ciel.

Plus au nord, encadrée de quelques causses creusés de petites vallées, véritables jardins de nature, la forêt de Grésigne impose sa masse forestière, une immense chênaie où résonne le brame des cerfs. Elle devance la partie la plus méridionale des causses du Quercy, avec ses villages perchés sur les buttes ou accrochés aux corniches calcaires, un décor pittoresque sublimé par les séquences de gorges qui déchirent le plateau.

Vignoble gaillacois. *Photo CDT 81.*

Les collines qui font la transition avec la plaine aquitaine portent le vignoble millénaire du Gaillacois tel un bout de Toscane… Le fin décor des vignes gagne le large couloir de la plaine du Tarn où s'égrainent les bastides aux teintes de brique rose.

L'Ouest du Tarn est le domaine des collines mollassiques de l'Aquitain, un moutonnement permanent de vallons et de «pechs» couronnés de bois, parfois armés de quelques bancs calcaires, utiles promontoires pour contempler le nuancier des labours, le camaïeu des champs de céréales. Un paysage vivant, reflet d'une agriculture dynamique qui se garde de toute démesure. Du Salvagnacois, au nord, jusqu'au Puylaurentais, au sud, cette campagne active et généreuse accueille les larges vallées de l'Agoût, du Dadou et du Sor et leur cortège de villes et de villages. Les fermes, les châteaux, les pigeonniers y sont légion, tout y respire la générosité de la terre... Nous sommes en «pays de Cocagne»…

La nature est au bord du chemin…

Combinaison parfois complexe de reliefs, formations géologiques et influences bio-climatiques, le contexte tarnais est propice à un large éventail de milieux naturels. Pelouses sèches, tourbières et landes, corniches calcaires ou chaos de granite, chênaies de plaine ou hêtraies montagnardes, cours d'eau et étangs en composent un patrimoine de grande valeur.

Les causses abritent une grande diversité floristique : chênes verts et chênes kermès côtoient les landes à buis et genévrier semées de nombreuses variétés d'orchidées. Au crépuscule, on y entend le sifflement étrange de l'œdicnème criard. Les corniches et parois calcaires sont l'habitat privilégié pour des rapaces rares tels le faucon pèlerin ou le hibou grand-duc. Ces espaces chauds et secs sont propices à la fauvette pitchou, aux pies grièches et au circaète jean-le-blanc.

Les forêts de plaine sont tout aussi richement peuplées. En Grésigne, le pic mar et la mésange nonnette ont trouvé refuge. La grande chênaie abrite aussi des insectes très rares dont certains sont endémiques.

Cascades de Bonnan. *Photo DR-CG 81.*

Les nombreux lacs, étangs, roselières accueillent une multitude d'oiseaux d'eau, diverses variétés de hérons, grèbes et aigrettes.

Les forêts des montagnes tarnaises et leurs sous-bois sont le domaine d'une grande variété d'espèces végétales, une flore typique de la hêtraie. On y observe le roitelet huppé ou les mésanges noires, parfois même l'aigle botté et souvent l'autour.

Les landes à bruyère offrent des îlots de végétation montagnarde unique dans le Tarn et fréquentés par les busards.

Dans les tourbières se développent la drosera, étonnante petite plante carnivore, la violette des marais, le mouron délicat, le lézard vivipare.

Les vallées et les gorges, offrent des espaces isolés où demeurent de nombreuses fougères, comme l'osmonde royale ou la saxifrage de l'écluse. Les oiseaux rupestres y trouvent leur compte : le faucon pèlerin, le milan royal, le faucon hobereau. Le cincle plongeur y explore le cours rapide des rivières.

En plaine, le moindre coteau ensoleillé abrite quelques landes où poussent la lavande et les immortelles. Ils résonnent du chant du pipit rousseline et du bruant ortolan.

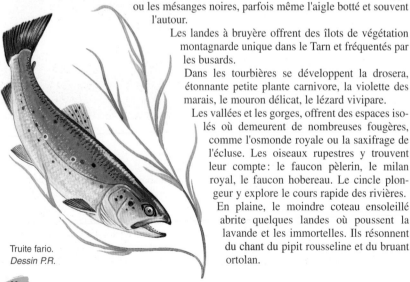

Truite fario.
Dessin P.R.

Quand les pierres racontent…

Albi. *Photo CDT 81.*

Albi, avec sa cathédrale, chef d'œuvre d'art gothique associé au palais de la Berbie, Castres et ses maisons sur l'Agoût, la cité médiévale de Cordes sont les sites notoires du département mais partout, les pierres racontent une terre chargée d'histoire, depuis les énigmatiques statues-menhirs du Lacaunais en passant par les céramiques romaines de Montans. De nombreux monuments d'art roman attestent d'une grande culture languedocienne comme les chapelles de Las Planques et d'Ambialet, l'église de Lescure ou le pavillon d'Adelaïde à Burlats. En plaine, les bâtisses de brique à colombage sont l'apanage des «bastides» du 13e siècle avec leurs «couverts» aménagés autour de la place centrale : Cordes, Lisle-sur-Tarn, Castelnau-de-Montmiral, Rabastens… Les cités de brique rose animent collines et vallées. De la période faste de la production du pastel aux 16e et 17e siècles, les villes tarnaises ont hérité de superbes hôtels particuliers de style «renaissance». De magnifiques jardins, tel l'Évêché à Castres, agrémentent les espaces urbains. En campagne, les châteaux, façades et fenêtres finement décorés, témoignent aussi de cette période artistique. Si un esprit novateur émane de l'abbaye-école de Sorèze, certaines réalisations comme la «rigole de Riquet» alimentant le canal du Midi (1662) ou le viaduc du Viaur, œuvre de Paul Bodin en 1902, sont de véritables défis technologiques.

La richesse géologique se lit dans l'habitat des campagnes tarnaises. Dans les collines de l'Ouest, parsemées de pigeonniers, la brique habille les grandes métairies. Sur les causses, le calcaire éclaire les bâtisses aux murs blancs. Les schistes, le granite du Sidobre, l'ardoise de Lacaune ou de la Montagne Noire charpentent les solides bâtiments ruraux des bourgs et villages du Tarn montagnard.

Au pays de Jaurès et de Toulouse-Lautrec, chaque contrée porte le témoignage d'une aventure humaine fertile et passionnée. Gravée dans la pierre ou inscrite dans la mémoire des hommes, elle perpétue le souvenir des cathares et de la Religion Réformée, des verriers et des charbonniers, des mineurs de Carmaux ou des ouvriers-paysans du Mazamétain, des volutes envolées du petit train de Lacaune…

L'influence de la langue occitane est présente au détour de chaque chemin tant la toponymie des lieux y puise ses racines. Elle anime de ses sonorités rocailleuses et si expressives, les marchés ruraux où abondent les produits de terroirs, productions locales de renom : ail rose de Lautrec, salaisons de Lacaune, veau du Ségala ou du Lauragais, vins de Gaillac… Autant de subtiles saveurs pour alimenter les tables tarnaises d'une gastronomie toujours généreuse.

En suscitant cette sérénité, cet état de curiosité propice à une vraie découverte, les sentiers du Tarn offrent une rencontre privilégiée avec cette terre de contrastes mariée à la convivialité du Sud. Ils permettent d'approcher l'essence même de ses paysages car «Ici, plus qu'ailleurs, l'histoire des paysages illustre et accompagne l'histoire plurielle de la société ; l'esprit des lieux n'y est rien d'autre que l'esprit des hommes» (G. Bertrand).

Statue de Jean Jaurès à Carmaux. *Photo CDT 81.*

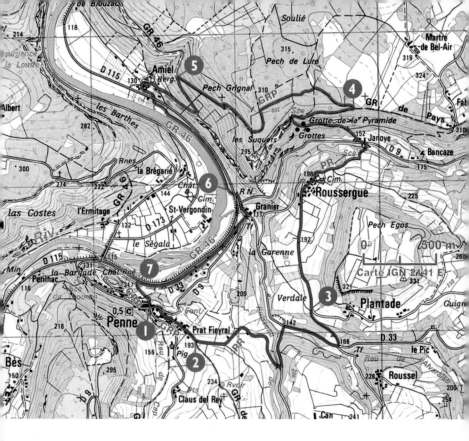

Château et village confondus

Vers 560, le château de Penne est édifié à la commande de Frédégonde, épouse de Chilpéric 1er, roi de Neustrie, une femme qui ne recule devant rien pour détenir le pouvoir. Ainsi fait-elle disparaître la première épouse de Chilpéric et ses deux fils. Sa rivalité avec Brunehaut, reine d'Austrasie, est célèbre. La guerre ravage leurs États et Brunehaut périt sur l'ordre de Clotaire II, fils de Frédégonde.

Modernisé et agrandi, le château de Penne abrite des cathares au 13e siècle. Cent ans plus tard, les Anglais l'occupent durant trente ans. Enfin, les Protestants le démantèlent en 1586… Sous Henri IV, les pierres servent à reconstruire le village qui se confond désormais avec le château. L'un et l'autre enrichissent un site devenu peu banal.

Village de Penne.
Photo DR-CG81.

Les Suquets de Penne

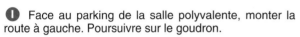

Dans un écrin naturel sculpté par l'Aveyron, Penne dresse ses architectures singulières de village-rocher en symbiose avec son décor de falaises calcaires. Le sentier se plait à en offrir les multiples facettes jusqu'au belvédère des Suquets.

1 Face au parking de la salle polyvalente, monter la route à gauche. Poursuivre sur le goudron.

2 Laisser le GR®P sur la droite. En fond de vallon, prendre à gauche direction Vaour, puis à droite même direction. À l'intersection de Roussel, quitter le goudron pour le chemin de gauche qui devient sentier en sous-bois.

3 À la route, prendre à gauche sur le goudron. À Roussergue, monter tout droit vers l'église. Passer devant et prendre le chemin à sa gauche. À la patte d'oie, descendre à gauche. À Janoye, aller à gauche sur la route ; 100 m après, gravir le raidillon à droite. Monter en zigzag.

4 À l'intersection avec le GR®P en haut de côte, tourner à gauche. Au rocher des Suquets, virer en épingle à droite. En début de descente, passer deux épingles successives.

5 À la patte d'oie sur le GR® 46, prendre à gauche. Dans le virage, choisir à droite sur le même chemin, puis à gauche à la patte d'oie suivante. Traverser Amiel. Franchir la D 115 vers un chemin herbeux en face en bordure de l'Aveyron. Il longe la route en contrebas.

6 Traverser la D 115. S'engager sur la D 9 en face, direction Vaour ; 30 m plus loin, tourner à droite direction Penne ; 50 m après, également à droite sur la D 9 *(petit pont)* pour la même direction. À la patte d'oie 50 m plus loin, suivre la vieille route de droite, en contrebas de la D 9.

7 Sous les ruines du château de Penne, quitter le goudron et le GR® 46. Monter le sentier en épingle à gauche. Au débouché de la ruelle sur la route, monter celle-ci à gauche. À la patte d'oie, aller à droite vers la mairie, puis la salle polyvalente.

3 h
9,5 Km — 295m / 117m

Situation Penne, à 25 km à l'Ouest de Cordes par les D 600, D 91 et D 33

Parking à côté de la salle polyvalente

Balisage

1 à **2** jaune-rouge
2 à **4** jaune
4 à **5** jaune-rouge
5 à **7** blanc-rouge
7 à **1** jaune-rouge

Difficulté particulière

■ forte montée de Janoye avant **4**

Ne pas oublier

À voir

 En chemin

■ Penne : château (13e) et village (église, ancienne porte, ruelles,...) ■ panorama ■ hameau de Roussergue, « maison de lumière » des templiers

Dans la région

■ Vaour : commanderie des templiers, dolmen ■ gorges de l'Aveyron ■ forêt de Grésigne (massif forestier de 3 600 hectares) ■ Roussayrolles : église Notre-Dame (édifice gothique du 13e), source, lavoir

La grande forêt de Grésigne

Déployée sur 3 526 hectares, la forêt de la Grésigne demeure aujourd'hui la plus importante forêt du Tarn et la plus grande chênaie (60% en chêne rouvre, 15% en chêne pédonculé) du Sud de la France. Demeure… Car personne ne s'est fait faute de l'exploiter largement au cours des siècles. Sa mise en coupes réglées remonte à François 1er quand celui-ci autorise l'abattage de 150 pieds d'arbres par an pour les transformer en merrains de barriques. Au 17e siècle, Jean-Baptiste Colbert en fait sortir la charpente des navires de Louis XIV. Les verriers la jettent à terre pour alimenter leurs fours et fabriquer un verre fin et bleuté dont la formule est perdue. Les charbonniers coupent sans compter pour produire le charbon de bois, les riverains leur chauffage.

Puycelsi en Grésigne. *Photo CDT 81.*

Sentier du Patrimoine

Puycelsi est comme un poste avancé des Causses du Quercy. La traversée de la vieille bastide révèle des trésors d'architecture. Le parcours se voue ensuite à la cause du végétal depuis le Verger Conservatoire jusqu'aux voûtes ancestrales des chênaies de Grésigne.

❶ De la place du Grand Saint-Roch (*le monument aux morts s'y trouve*), descendre la route de ceinture (*voie principale à l'Ouest du village*). Dans le premier virage, descendre le sentier de gauche, direction fontaine du Verdier . À la fontaine, tourner à gauche. Sur le goudron, monter à gauche.

❷ Au stop, traverser pour le sentier en épingle à droite (on croise le GR® 46). À la patte d'oie, 60 m après, prendre à droite. À la station météo, encore à droite. Dans le virage, bifurquer sur le chemin à gauche. À la patte d'oie après le lavoir, tourner à gauche. À l'intersection suivante, prendre à droite. Progresser tout droit. Devant le vallon, virer à droite (*cascades de l'Audoulou*). Poursuivre tout droit.

❸ Au croisement des chemins, face au pont sur l'Audoulou, tourner à droite. Remonter le ruisseau. En haut de côte, prendre à gauche. S'engager à gauche sur la voie romaine. À la patte d'oie, prendre à droite ; 50 m après, à gauche. Au panneau (*fontaine à 50 mètres*), aller à gauche. À la piste forestière, à droite.

❹ Au rond-point de la Plégade, bifurquer à gauche. À la piste, tourner à gauche. Dans une courbe, prendre le chemin herbeux à gauche. Au carrefour du Puech de l'Ayrol (326 m), traverser pour le sentier en face.

❺ À la patte d'oie en descente, monter à droite sur le GR® 46.

❻ Quitter le GR® et partir à gauche. Continuer tout droit en laissant deux sentiers sur la droite (*sentier de Larroque*). Longer sur la gauche les fouilles archéologiques de la Rouquette. Descendre entre deux prés jusqu'à Pont-Bourguet. À la route, aller à gauche. Aussitôt après, à la sortie du pont, bifurquer à gauche. Le chemin devient bitume jusqu'aux courts de tennis. Devant les courts, monter le chemin pentu à gauche qui rejoint le point de départ.

Situation Puycelsi, à 25 km au Nord-Ouest de Gaillac, 15 km après Castelnau-de-Montmiral par les D 964 et D 8

 Parking place du Grand Saint-Roch à l'entrée en haut du village

Balisage

❶ à ❺ jaune
❺ à ❻ blanc-rouge
❻ à ❶ jaune

Ne pas oublier

À voir

En chemin

■ Puycelsi : église (14e), fortifications (11e et 12e), maisons médiévales ■ verger conservatoire (plus de 800 variétés de fruits) ■ forêt de Grésigne ■ petit patrimoine (lavoir, ruines,...) ■ cascade de l'Audoulou

 Dans la région

■ village et château (17e) de Larroque ■ vallée de la Vère ■ Mespel : chapelle Notre-Dame-des-Bois

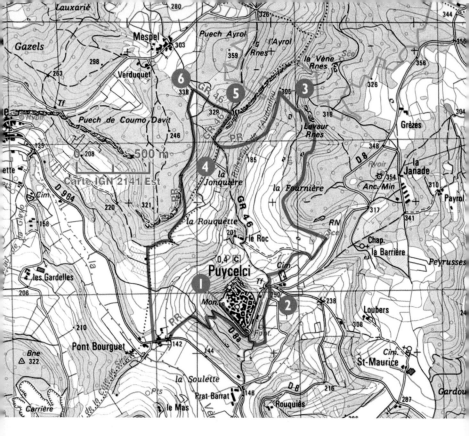

Conserver pour ne pas oublier

Verger conservatoire. *Photo PB-CDT 81.*

*E*nviron trois-quarts des pommes mangées en France sont des golden. L'existence des espèces arboricoles fruitières rustiques est sacrifiée au nom de la rentabilité agro-alimentaire... Réponse en 1986 : le Conservatoire régional d'espèces anciennes fruitières et viticoles de Puycelsi.

Établi pour sauvegarder la diversité du patrimoine biologique, il permet d'améliorer la connaissance scientifique des variétés protégées, créer un réservoir de gènes, favoriser le développement et la promotion des fruits oubliés, faire découvrir le patrimoine. Sont actuellement plantés : 3 500 arbres et 1 000 ceps de vigne, soit 750 variétés d'abricotiers, amandiers, cerisiers, cognassiers, figuiers, pêchers, poiriers, pommiers et pruniers, des cépages de « vitis vinifera ».

Sentier du Patrimoine (variante)

2 h 20
7 Km

338m
142m

Situation Puycelsi, à 25 km au Nord-Ouest de Gaillac, 15 km après Castelnau-de-Montmiral par les D 964 et D 8

Parking place du Grand Saint-Roch à l'entrée en haut du village

Balisage
❶ à ❹ jaune
❹ à ❻ blanc-rouge
❻ à ❶ jaune

Ne pas oublier

Face aux remparts de Puycelsi, un verger pas comme les autres accueille et préserve avec soin les espèces les plus rustiques de fruits et de vignes… Véritable réservoir génétique et précieux gardien de saveurs oubliées.

Abricotier. Dessin N.L.

❶ De la place du Grand Saint-Roch (*le monument aux morts s'y trouve*), descendre la route de ceinture (*voie principale à l'ouest du village*). Dans le premier virage, descendre le sentier de gauche, direction fontaine du Verdier. A la fontaine, tourner à gauche. Sur le goudron, monter à gauche.

❷ Au stop, traverser pour le sentier en épingle à droite (on croise le GR® 46). À la patte d'oie, 60 m après, prendre à droite. À la station météo, à droite aussi. Franchir le portail. Dans le virage, s'engager sur le chemin à gauche. À la patte d'oie après le lavoir, bifurquer à gauche (*station verger conservatoire*). À l'intersection suivante, prendre à droite (*sentier du patrimoine*). Continuer tout droit. Devant le vallon, aller à droite (*cascades de l'Audoulou*). Poursuivre tout droit.

❸ Au croisement des chemins, face à l'Audoulou, traverser le ruisseau et longer la rive droite. À la patte d'oie de la ferme du Roc, monter à droite (*site préhistorique de la Rouquette*).

❹ Au croisement du sentier du GR® 46, tourner à droite. À l'intersection suivante, monter à droite.

❺ Monter en épingle à gauche.

❻ Quitter le GR® et partir à gauche. Continuer tout droit en laissant deux sentiers sur la droite (*sentier de Larroque*). Longer sur la gauche les fouilles archéologiques de La Rouquette. Descendre entre deux prés jusqu'à Pont-Bourguet. À la route, aller à gauche. Aussitôt après, à la sortie du pont, bifurquer à gauche. Le chemin devient bitume jusqu'aux courts de tennis. Devant les courts, monter le chemin pentu à gauche qui rejoint le point de départ.

À voir

En chemin

■ Puycelsi : église (14e), fortifications (11e et 12e), maisons médiévales ■ verger conservatoire (plus de 800 variétés de fruits) ■ forêt de Grésigne (massif forestier de 3 600 hectares) ■ petit patrimoine (lavoir, ruines de Lavaur,...)

Dans la région

■ village et château (17e) de Larroque ■ vallée de la Vère ■ Mespel : Chapelle Notre-Dame-des-Bois ■ Castelnau-de-Montmiral : ville forte (fortifications, anciennes portes, place à arcades, « le trésor », ...), base de loisirs de Vère-Grésigne

L'autre colline inspirée

Hommage architectural au temps qui passe, Cordes-sur-Ciel détient un intense pouvoir de séduction qui sait agir sur les grands esprits.

En 1908, Thomas E. Lawrence (Lawrence d'Arabie) la rencontre,

Cordes-sur-Ciel. *Photo PB-CDT 81.*

oubliée : *« Un artiste pourrait (...) peindre ici pendant un an sans se répéter, et tous ses tableaux seraient beaux : c'est une ville de rêve avec aussi, en plus, un brin de cauchemar »*

En 1954, Albert Camus note : *« On voyage pendant des années sans trop savoir ce que l'on cherche (...) et l'on parvient soudain dans un de ces (...) lieux qui attendent chacun de nous en ce monde. Le voyageur qui, de la terrasse de Cordes, regarde la nuit d'été, sait ainsi qu'il n'a pas besoin d'aller plus loin, et que, s'il veut, la beauté ici (...) l'enlèvera à toute solitude »*

Sentier du Causse

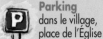

Dans Cordes, la pierre s'impose, compose, raconte. Une roche calcaire que l'on foule sur les chemins menant par des vallons festonnés de corniches, au plateau de Souel-Livers et ses fins paysages de vignes où la pierre blanche éclaire les belles architectures.

1 S'engager sur la piste le long du cimetière. Traverser la route. Franchir le ruisseau en fond de vallée. Monter en face. Poursuivre tout droit.

2 Traverser la route.

3 À la patte d'oie, descendre à gauche vers Cordes.

4 Laisser la rue grimpant vers la cité. Prendre à droite en longeant un dépôt de matériaux de construction.

5 Laisser à droite le sentier de Sarmazes et continuer tout droit. Au stop, traverser la D 600, partir à droite. Traverser au passage piéton près de l'atelier d'un verrier. A l'intersection des départementales, prendre D 922 vers Gaillac.

6 900 m après, quitter la route qui oblique vers la droite. Avancer tout droit sur le chemin longeant le camping du Moulin de Julien par la gauche ; 100 m après le camping, prendre à droite sur un chemin qui longe, puis gravit doucement le plateau jusqu'à la D 107. Partir à droite, sur 500 m de goudron. Traverser le carrefour.

7 Dépasser la cave coopérative. Emprunter aussitôt le chemin de droite qui rejoint la D 922. Traverser tout droit (transformateur EDF à gauche). Capitelle 100 m plus loin, à droite. Passage en vignoble ; 550 m après le transformateur, tourner à gauche. Continuer tout droit. À la petite route, aller à gauche sur le goudron ; 100 m après, tourner à droite. Rejoindre Souel par le vieux lavoir de Foun Grande.

Genévrier commun.
Dessin N.L.

3 h • **12 Km**

303m / 184m

Situation Souel, à 22 km au Nord-Ouest d'Albi par les D 600, D 107 et D 25, 4 km au sud de Cordes

 Parking dans le village, place de l'Église

Balisage jaune

Ne pas oublier

 **À voir**

En chemin

■ point de vue sur la cité médiévale de Cordes-sur-Ciel
■ Souel : église Notre-Dame de l'Assomption, lavoir
■ moulin de Julien

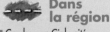 **Dans la région**

■ Cordes-sur-Ciel : cité forteresse (13e), bastide remarquable, musées, site classé (remparts, portes, maisons principales, artisanat d'art, jardins,...)
■ château du Cayla (15e et 18e) : musée Maurice et Eugénie de Guérin
■ Noailles : village fleuri, château 18e, église (16e)

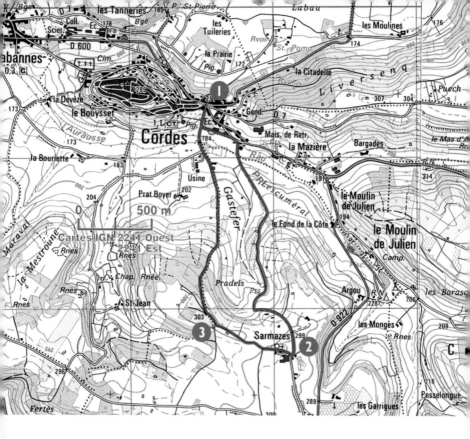

Teintes de douceur

Que l'on regarde à droite ou à gauche, le paysage est immuablement collinaire. En langage pastoral, nous parlons de coteaux. Véritable et paisible patchwork, le Cordais se prête plus volontiers à la seconde appellation tant il se montre aimable à l'œil. Ici, les pâtures et les cultures encerclées de haies, bordées de bois peuplés d'essences variées, notamment feuillues. Là, une vigne sou-

La porte du Vainqueur. *Photo CDT 81.*

riante, toujours gaillacoise. Avec, s'activant au milieu des unes et des autres, une population que le temps n'effraie pas. S'agit-il de l'empreinte tutélaire de Cordes, cité couronnée d'azur, étirée sur sa colline à force de se tendre vers le ciel ? Est-ce plus prosaïquement l'attitude campagnarde ? Le fait est que tous deux teintent de douceur ce gentil pays.

Sentier de Sarmazes

1 h 15
4 Km

303m
184m

Dès les sentiers des coteaux de Sarmazes, Cordes-sur-Ciel offre le spectacle de sa silhouette élégante ; assemblage harmonieux de murs, de toits et de remparts. À chaque pas, une perspective nouvelle, un autre éclairage... Comme une galerie de portraits...

Situation Cordes-sur-Ciel, à 22 km au nord-ouest d'Albi par les D 600

Parking à l'entrée de Cordes et place de la Bouteillerie

Balisage jaune

❶ À Cordes, place de la Bouteillerie, au pied de la cité, descendre la rue au coin de la « Maison de la Presse ». Prendre à gauche, puis longer un dépôt de matériaux de construction. Descendre à droite vers une ferme, franchir le ruisseau l'Aurausse et grimper un large chemin empierré conduisant à Sarmazes.

Huppe fasciée.
Dessin P. R.

❷ Au calvaire, bifurquer à droite vers la chapelle.

❸ Au carrefour suivant, prendre à droite et descendre droit vers Cordes pour rejoindre le point de départ.

Cordes-sur-Ciel. *Photo DR-CG 81.*

À voir

En chemin

■ point de vue sur la cité médiévale de Cordes-sur-Ciel
■ Sarmazes : chapelle

Dans la région

■ Cordes-sur-Ciel : cité forteresse (13e), bastide remarquable, musées, site classé (remparts, portes, maisons principales, artisanat d'art, jardins,...)
■ base de loisirs du Garissou (Les Cabannes)
■ Mouzieys-Panens
■ Vindrac : église gothique

Un château voué à la littérature

*G*entilhommière traditionnelle du Languedoc, façonnée du 15e au 19e siècle, le château du Cayla est devenu un musée départemental accueillant des expositions et des manifestations littéraires. Une destinée due au fait d'être la maison natale du poète romantique Maurice de Guérin (1810-1839) et de sa sœur Eugénie (1805-1848). Prosateur et poète dont l'œuvre se situe à la charnière du romantisme religieux de Chateaubriand et de la «modernité poétique» de Baudelaire et de Mallarmé, le châtelain du Cayla a été publié par George Sand. De précieuses pages de

Château du Cayla. *Photo CDT 81.*

son journal «Le Cahier Vert» évoquent son affection pour l'endroit. On doit également un journal à sa sœur, document de premier ordre sur la mentalité et la vie tarnaises au 19e siècle.

Sentier du Cayla

Lieu de vie et d'inspiration de Maurice et Eugénie de Guérin, poètes romantiques du début du 19e siècle, le domaine du Cayla avec ses ambiances de campagnes anciennes, invite à prendre le temps pour faire rimer paysage et littérature.

1 h
2,5 Km
250m
215m

Situation Andillac, à 15 km au Nord de Gaillac, 5 km après Cahuzac-sur-Vère par la D 922

 Parking au château du Cayla

 Balisage jaune

❶ Du parking du château du Cayla, suivre l'allée de buis par le dessus, en lisière de forêt. Après 20 m, tourner à droite ; 30 m plus loin, prendre à gauche sur un chemin herbeux qui sinue sous les chênes. Le suivre. À nouveau en lisière, effectuer un droite-gauche, puis partir aussitôt en bordure de prairie en gardant les genévriers à main gauche.

Buis. *Dessin N.L.*

❷ Face au champ cultivé, descendre à droite entre champ et prairie. Pénétrer en sous-bois ; 5 m après, tourner à gauche sur un chemin. Face à une lisière, descendre à droite. Devant le premier pré, prendre à droite. Marcher avec la lisière du bois à main droite, les prés à main gauche. Laisser les deux premiers chemins de droite. Poursuivre en lisière sous le château (situé au-dessus, à main droite). Parvenir à la source du Téoulet. Entre la source et le bassin, tourner à droite.

❸ Arrivé à la route, s'engager à gauche sur le goudron ; 15 m après le franchissement du ruisseau, choisir le chemin à droite ; 25 m plus loin, virer en épingle à droite sur un chemin herbeux. À la première patte d'oie, descendre trois marches à droite. Traverser le ruisseau sur une courte passerelle. En lisière, tourner à gauche. Remonter l'allée entre les buis jusqu'au château.

 **À voir**

Parc et château du Cayla. *Photo DR-CG 81.*

En chemin

■ château (15e et 18e) ■ musée Maurice et Eugénie de Guérin ■ le parc

Dans la région

■ village d'Andillac ■ Cahuzac-sur-Vère (ancienne bastide) ■ Vieux : église (12e) avec fresque, menhir ■ château de Mauriac ■ Cordes-sur-Ciel : cité forteresse (13e), bastide remarquable, musées, site classé (remparts, portes, maisons principales, artisanat d'art, jardins,...) ■ base de loisirs du Garissou (Les Cabannes)

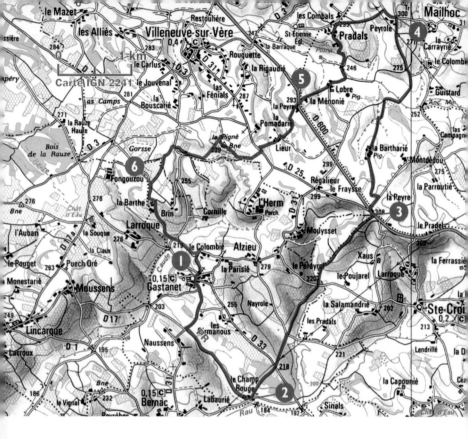

Un chemin monacal

Plateau de Castanet. *Photo CDT 81.*

Défricher un Tarn autrefois forestier ne révélait pas seulement de riches terres mais aussi des endroits quasi stériles désignés «èrm» (friche). Comme l'Herm, à côté de Mouysset. Qui défricha ? Les moines, pour une bonne part.

Le monastère d'Hauterive (proche de Castres) a été l'un des premiers, en Gaule, à appliquer la règle de saint Benoit. Or si celle-ci préconise notamment aux moines de ne pas «se répandre audehors», ces derniers dérogent vite pour gagner des terres sur la forêt et les cultiver. Les moines de l'abbaye de Bonnecombe, en Rouergue, cultivent ainsi autour de leur grange de Bernac (au sud de Castanet) et utilisent, pendant six siècles, le fameux «chemin des Moines» pour transporter anis, céréales, coriandre, pastel et safran.

Le chemin des Moines

Sur le plateau pierreux, l'ancien chemin des Moines traverse un paysage subtil. Cultures, bosquets, vignes, chemins et bâtis traditionnels, composent l'assemblage harmonieux et lumineux d' un paysage à petite échelle.

1 De l'église, aller à droite direction Gaillac. À la première patte d'oie, avancer tout droit (abandonner la direction Gaillac). À la deuxième patte d'oie, également. Au croisement, choisir le chemin de terre à gauche.

2 À la route, partir à gauche sur le goudron ; 60 m après, prendre le chemin à gauche. Traverser la D 33. À la patte d'oie, tourner à droite et aussitôt à gauche sur chemin. Poursuivre tout droit. Traverser une route (220 m).

3 À la D 600, prendre à gauche sur le goudron direction Cordes. Au croisement, 40 m après, prendre à droite direction La Bartharié. À la première patte d'oie, choisir à gauche. Traverser La Bartharié *(pigeonnier)*. Continuer tout droit.

4 À Peyrole, aller à gauche sur le goudron ; 250 m plus loin, s'engager sur le chemin à gauche. À Pradals, traverser tout droit. Continuer sur la route. À la sortie de Lobre, aller sur le chemin à droite. À la patte d'oie, monter en face. Progresser tout droit.

5 Traverser la D 600 pour le chemin herbeux en face. À la patte d'oie sous Lieur, choisir le chemin caillouteux à droite. Traverser Lieur. Sur la D 25, partir à gauche ; 20 m après, prendre le chemin à droite. À la patte d'oie dans le virage, aller à droite ; 25 m après Le Pigné (borne géodésique, point coté 309), s'engager sur le chemin à gauche en bordure de vigne. À la patte d'oie, tourner à droite. Prendre à droite sur une petite route, puis, 15 m après, un chemin à gauche.

6 À la route, virer à gauche sur le goudron. Devant La Barthe, prendre également à gauche. Dans le vallon, avancer à gauche ; 130 m plus loin dans le virage, monter le chemin à droite. À la patte d'oie devant Le Colombié, virer en épingle à droite. Rejoindre l'église de Castanet.

Pie grièche à tête rousse.
Dessin P. R.

4 h • 16 Km   308m 185m

Situation Castanet, à 10 km au Nord-Ouest d'Albi par les D 600 et D 31

Parking devant l'église

Balisage jaune

Ne pas oublier

À voir

En chemin

■ château de Mailhoc
■ Castanet ■ pigeonnier
■ panoramas sur Castanet et les plaines du Gaillacois

Dans la région

■ Labastide-de-Lévis : église (15e), clocher porche, cave coopérative vinicole, pigeonnier classé de Pradinas ■ Castelnau-de-lévis : vestige d'un château féodal (13e), église (15e) bâtie sur vestiges d'une église romane ■ Lescure : ancien fief du Saint Siège au 11e siècle, tour de l'horloge (16e), église romane de Saint Michel (11e), portail orné, chapiteaux historiés ■ Cagnac-les-Mines : musée de la Mine

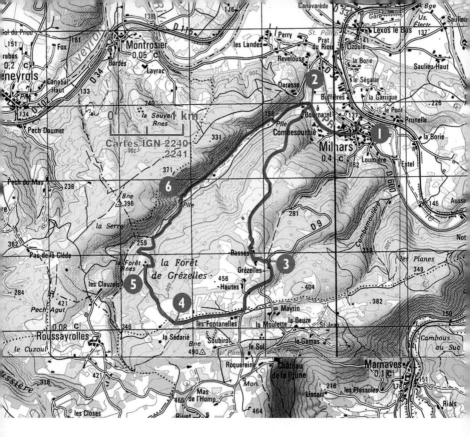

Une cascade de tuf

Cascade de Bonnan. *Photo TP-CDT 81.*

En régions karstiques, les eaux d'infiltration provoquent la formation de dolines (dépressions fermées du relief) et autres avens en dissolvant le calcaire. La plupart du temps, elles réapparaissent sous forme de sources vauclusiennes. Un phénomène semblable existe dans la vallée du Bonnan sous la forme d'une cascade pétrifiée.

L'événement se produit en période de grandes eaux. Celles-ci se déversent en une cascade de tuf (roche non homogène poreuse souvent pulvérulente, ici d'origine sédimentaire) sur une quarantaine de mètres de hauteur pour recouvrir des grèzes (mélange stable de roche et d'argile). Un puits naturel les recueille. Devenues souterraines, elles resurgissent en fontaine vauclusienne au Gourp de Fénérols.

La vallée de Bonnan

3 h 15
11 Km

438m
140m

Situation Milhars, à
15 km au Nord-Ouest de
Cordes par la D 600

 Parking
place de la mairie

 Balisage
jaune

De grands versants couronnés de corniches calcaires dominent le vallon de Bonnan. Un magnifique amphithéâtre riche de l'opposition entre vertes prairies, versants arides aux sols décapés ou pelouses et chênes tordus du plateau caussenard.

Circaète Jean-le-Blanc. *Dessin P. R.*

Ne pas oublier

❶ De la place de la mairie, traverser la D 600. Monter tout droit direction Combesourbié. À la première patte d'oie à la sortie de Milhars, prendre à droite.

❷ En haut de la côte, partir à gauche par le sens interdit. Monter. Sous le captage d'eau, virer à droite. Dans le virage montant à angle droit, ignorer le sentier de gauche. Sur la crête, progresser toujours tout droit. Refermer le portillon. Traverser Grézelles-Basses.

❸ À la patte d'oie, prendre à droite sur le goudron. Aux deux pattes d'oie suivantes, continuer tout droit. Au croisement, choisir le chemin à droite. Aller tout droit. Franchir deux chicanes.

❹ En sortie de sous-bois, 15 m après la deuxième chicane, virer à droite *(propriété privée)*. Longer la clôture entre deux prairies. Au premier angle intérieur de la lisière de forêt, passer la chicane à droite, puis descendre le chemin tout droit en sous-bois.

❺ 30 m devant les ruines en bout de crête, plonger dans la pente à droite. Longer la lisière en contrebas vers la gauche, puis partir en sous-bois sur l'étroit sentier ouvert en-dessous des ruines. À la première patte d'oie en sous-bois, continuer tout droit (laisser le sentier descendant sur la droite). À la deuxième patte d'oie en sous-bois, virer en épingle à droite ; 40 m plus bas, franchir la chicane. Poursuivre tout droit. À la patte d'oie sur le large chemin, partir à droite.

❻ À la patte d'oie en fond de vallée, prendre à gauche. Traverser aussitôt le ruisseau du Bonnan. À la deuxième patte d'oie après le pont, aller à gauche. Arrivé au goudron, monter à droite. Au croisement **❷**, poursuivre en face pour regagner Milhars par l'itinéraire aller.

À voir

 En chemin

■ Milhars : château (13e et 17e), vieux remparts ■ sarcophages de la Madeleine ■ petit patrimoine, forêt de Grézelles ■ cascade ■ vallée de Bonnan

Dans la région

■ Vaour : commanderie des templiers, dolmen ■ gorges de l'Aveyron ■ Roussay-rolles : église Notre-Dame (édifice gothique du 13e), source, lavoir ■ Cordes-sur-Ciel : cité forteresse (13e), bastide remarquable, musées, site classé (remparts, portes, maisons principales, artisanat d'art, jardins,...) ■ base de loisirs du Garissou (Les Cabannes)

Reconnaître la qualité

L'existence de la vigne dans le pays est bien antérieure à la naissance de Gaillac (972), apportée par les Romains, un siècle environ avant J.-C., dans une conquête viti-vinicole de l'Aquitaine dont le Gaillacois constitue les premières marches orientales… Le vignoble se développe vers l'an Mil grâce à la fondation de l'abbaye Saint-Michel dont les moines se révèlent fins viticulteurs : ordre, res-sources et sélection de cépages. D'abord voués au service eucharistique et aux palais de la noblesse, les vins sont de qualité.

Les eaux du Tarn portent le vin vers Bordeaux dont le marché «de coupage» se révèle redoutable à l'égard de viticulteurs rigoureux. Ils attendront le 16e siècle pour que leurs crus portent l'appellation du lieu de production.

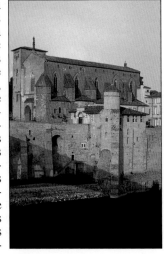

Abbaye Saint-Michel.
Photo CDT 81.

Les Hauts de Gaillac

Au cœur du vignoble de Gaillac, même les chemins célèbrent la fête du vin… Argiles, calcaires ou graves ont un goût de terroir. Genêts, mûres ou framboises s'exhalent en arômes. L'empreinte du vigneron imprime, elle, la marque de la passion…

289m
142m

Situation Gaillac, à 25 km à l'ouest d'Albi par la N 88 (ou A 68)

❶ Partir à gauche du stade, puis franchir le passage à niveau. Derrière la gare, tourner deux fois à gauche avenue Marcel Pagnol. Aller tout droit.

❷ Prendre à droite chemin de Poujoular. Au croisement, traverser.

❸ À la route, faire un droite-gauche vers Milhavet ; 120 m après, s'engager à gauche entre les vignes. Au croisement dans le bois, descendre à droite. Traverser la route. Dans la pente, virer à gauche. Devant Matens, partir à droite. Sur la route, à gauche. À la patte d'oie de Matens, descendre à droite. En fond de vallon, à droite également. Devant le bois, aller à gauche. À la patte d'oie du sentier, à droite.

❹ Devant Cravol, tourner à gauche. Environ 700 m plus loin, descendre le chemin à droite ; 80 m après, monter à gauche (propriété privée). Longer le bois. À la patte d'oie 10 m après la lisière, prendre à droite. Suivre à main droite. Ressortir du bois. Longer les cultures sous Cassanis-Hauts. Au goudron, partir à gauche. Sous Cassanis-Bas, à gauche. Monter vers Vors. Sous Vors, virer à gauche. Suivre tout droit.

❺ Sur la route, aller à droite. À la patte d'oie des Brugues, à gauche. Tout droit sur le bitume. En bout, descendre le chemin à gauche. Aller tout droit sur 2 km. Devant la ferme, virer à droite.

❻ À la D 32, monter à droite. Sous la vigne, gravir le chemin à gauche. Devant la maison 130 m après, virer à droite entre deux champs. Au bout, partir à gauche vers le chemin à flanc ; 230 m plus loin, aller à droite.

❼ À hauteur d'un élevage, gravir les marches à gauche. Suivre en face. En bas, virer à gauche. Border le champ. Franchir la D 18. Au croisement, continuer en face. Traverser le rond-point pour l'avenue Marcel Pagnol.

❷ Tourner à droite chemin de Poujoular. Au croisement, virer à gauche, puis dans la première rue à gauche. Prendre à droite. Contourner l'église par la droite. Longer le cimetière et rejoindre le stade.

Parking devant le stade de la Clavelle, rue du Maréchal-Juin

Balisage jaune

Difficulté particulière
■ forte descente et escalier à ❸

Ne pas oublier

À voir

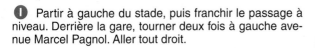
En chemin
■ vues sur la plaine du Gaillacois ■ Matens : pigeonnier ■ Vors : église ■ Les Brugues : vues sur Albi, Cagnac-les-Mines et Carmaux

Dans la région
■ Gaillac ville d'origine gallo-romaine, églises Saint-Michel (13e-14e) et Saint-Pierre (13e), maison Pierre de Brens (15e), parc de Foucaud (17e), fontaine de Griffoul (16e) ■ vallée du Tarn ■ vignoble : un des plus importants d'Aquitaine (17 000 ha)

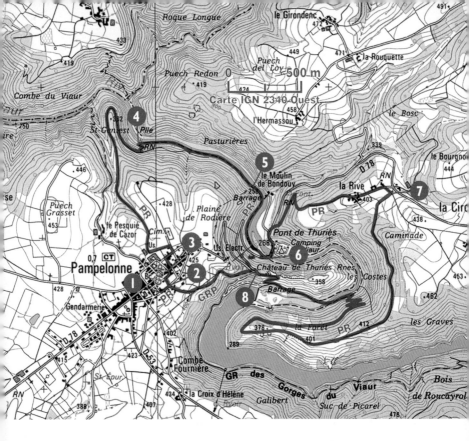

Une vallée pour moulins

L'activité humaine la mieux adaptée à la vallée du Viaur a été de tous temps celle des moulins. Leur densité peut impressionner : à la fin du 19e siècle, une vingtaine d'entre eux tournaient encore, entre le viaduc du Viaur et Laguépie. Un moulin pour trois kilomètres…

Ils ont servi à la mouture des céréales, à l'extraction de l'huile, mais aussi à la filature, au foulonnage des draps et des étoffes, au sciage du bois et au façonnage du fer. Certains ont encore fonctionné durant la dernière guerre. À la barbe de l'occupant, ils ont ravitaillé maquis et populations en farine et en huile.

Ces moulins sont hautement symboliques : lieux de transformation, ils ont domestiqué la force des eaux, concentré l'économie de la vallée et réuni les hommes.

Vallée du Viaur. *Photo CDT 81.*

Sentier des Crêtes

Frontière sauvage creusée entre Albigeois et Rouergue, la vallée du Viaur recèle de vraies richesses écologiques. Lieu de passage, elle est aussi chargée d'histoire. Ici, on observe, on écoute, on s'imprègne de nature.

Situation Pampelonne, à 15 km au Nord de Carmaux, par la N 88, les D 905 et D 72

 Parking place du foirail, près du Syndicat d'Initiative

Balisage

❶ à ❷ jaune

❷ à ❸ jaune-rouge

❸ à ❽ jaune

❽ à ❷ jaune-rouge

❷ à ❶ jaune

 Difficulté particulière

■ randonnée à ne pas entreprendre en période de crue du Viaur ■ passages comportant des difficultés techniques entre ❹ et ❺ et ❼ et ❽, ne pas entreprendre par temps pluvieux

Ne pas oublier

❶ Place du foirail, face au Syndicat d'Initiative, partir à droite. Prendre à droite la rue Tarramagnou, direction boulangerie-pâtisserie. Aux trois premières intersections de rues, continuer tout droit.

❷ A la quatrième, prendre à gauche le passage des Cinq-Moulins puis l'allée des Marronniers vers la droite.

❸ Traverser la rue principale (*laisser le GRP balisé jaune et rouge sur la gauche*) pour s'engager dans l'allée des Fossés. Bifurquer de suite à droite rue Rodières puis à gauche rue de La Florio pour descendre le chemin conduisant à la passerelle de Saint-Geniest.

❹ Ne pas franchir la rivière mais prendre à droite de l'ouvrage. *Attention ! ce sentier en berge est difficile.*

❺ Face au Moulin de Bondouy, *un passage à flanc de rocher peut être délicat par terrain humide.* Longer la centrale EDF.

❻ Franchir le pont sur le Viaur; 200 m après le camping, monter à droite sur un sentier pentu. A La Rive, poursuivre tout droit sur le goudron. A la sortie du hameau, avant la D 78, tourner sur le chemin à droite.

❼ A la patte d'oie 50 m plus loin, descendre à droite. Suivre tout droit jusqu'à la crête (*panorama*). Descendre jusqu'à la berge, prendre à gauche pour atteindre la passerelle que l'on franchit. Monter en direction des ruines du Château de Thuriès.

❽ Suivre la D 78 à gauche sur quelques dizaines de mètres puis emprunter le sentier de gauche grimpant à Pampelonne.

❷ Arrivé au village, prendre à gauche la rue Al Cloutet pour rejoindre le point de départ.

 À voir

 En chemin

■ ruines du château de Thuriès (12e) ■ moulin de Bondouy ■ vallée du Viaur ■ plan d'eau de Thuriès

 **Dans la région**

■ Cagnac-les-Mines : musée de la Mine ■ Cap Découverte : premier site européen de loisirs (2002)

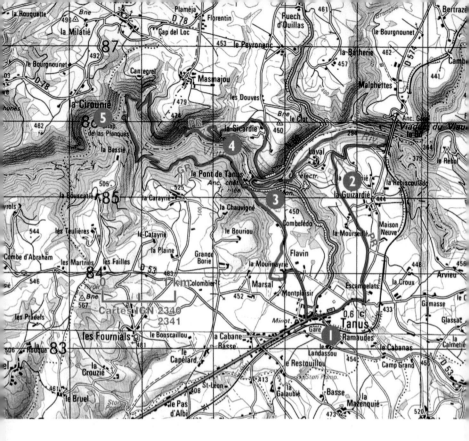

La chapelle des planches

*L*a chapelle romane de Las Planques doit son nom à la construction, au 12e siècle, d'un pont en planches sur le Viaur quand pouvoirs féodal et ecclésiastique se disputaient le contrôle des lieux de passage. Bâtie aux 11e et 12e siècles, elle s'appela d'abord Notre-Dame de Belmont en raison de son implantation sur un site réputé inviolable, promontoire rocheux qui semble jaillir des eaux du Viaur.

Prieuré de la célèbre abbaye bénédictine de Conques (Aveyron), occupée par les «routiers» anglais en 1381, elle subit le déclin au 18e siècle lorsque les habitants de la vallée s'établirent sur les plateaux à la culture moins ingrate. Une fresque aux motifs évangéliques décore le chœur de cette chapelle dénudée classée monument historique en 1910.

Las Planques en Vallée du Viaur. *Photo CDT 81.*

Las Planques

L'incursion en vallée du Viaur est comme un retour sur le passé. Dans un temple de nature, vieux ponts, gués, moulins, tours et châteaux racontent…. Las Planques en est le symbole le plus précieux.

1 Partir à droite de l'église direction Saint-Just. Aux deux premières pattes d'oie, aller tout droit. À la troisième, tourner à gauche direction viaduc du Viaur. Avancer tout droit. À la patte d'oie, choisir à gauche vers La Mourseillé. Idem pour la suivante. À la patte d'oie avant La Guizardié, prendre le chemin à gauche.

2 Sur la route, monter à droite. À la patte d'oie, poursuivre tout droit. Quitter la route pour le sentier pentu à gauche *(propriété privée) (attention ! descente délicate)*. Devant le premier pilier du viaduc, virer en épingle à gauche. Franchir la clôture. Le chemin suit au milieu du pré. À la patte d'oie de Laval, tourner à droite. Devant la grille, prendre la sente à gauche. Devant le ruisseau, virer à gauche. Le franchir 20 m après. Grimper en face. Devant la N 88, bifurquer sur le sentier à droite et rejoindre la berge.

3 Passer l'ancien pont de Tanus. Monter le second chemin à gauche. Au goudron, partir à gauche, puis en face. Traverser La Sicardie-Haute ; 30 m après, tourner sur le chemin à gauche.

4 Suivre la berge vers la droite, monter en larges zigzag. Descendre le chemin de Masmajou jusqu'à la passerelle sur le Viaur ; 150 m après, gravir à droite. Sous la chapelle de Las Planques, poursuivre tout droit *(visite du site de la chapelle à droite)*.

5 Au calvaire près de la chapelle, partir à gauche. 100 m après, monter en face. Dans le deuxième virage en épingle, prendre à gauche, grimper dans la châtaigneraie. Laisser le chemin de droite. Passer à proximité des ruines du hameau des Cazes, puis d'une petite maison (La Treille). Franchir la passerelle sous la tour ruinée *(Tanus-le-Vieux)*. À la route, à Combefedo, poursuivre tout droit, passer sous la nouvelle N 88. Prendre à gauche. Traverser La Moulinarié. Au croisement suivant, bifurquer à droite vers l'église de Tanus.

Chapelle de Las Planques. *Photo CDT 81.*

4 h 45 · 17,5 Km

440m · 295m

Situation Tanus, à 15 km au Nord-Est de Carmaux, direction Rodez par la N 88

 Parking devant l'église

 Balisage

1 à **5** jaune
5 à **1** jaune-rouge

 Difficulté particulière

■ passages techniques entre **2** et **3** (à éviter par temps pluvieux)

Ne pas oublier

À voir

 En chemin

■ église romane de Las Planques, fresque (17e) ■ les deux viaducs : ferroviaire et routier ■ Tanus-le-Vieux ■ roc de l'Aigle, roc del Gorp ■ vallée du Viaur

Dans la région

■ Cagnac-les-Mines : ancien centre minier, site du musée de la Mine avec galerie et chevalet ■ Monestiès : village médiéval, église gothique (13e), chapelle Saint-Jacques, mise au tombeau (15e) ■ Cap Découverte

43

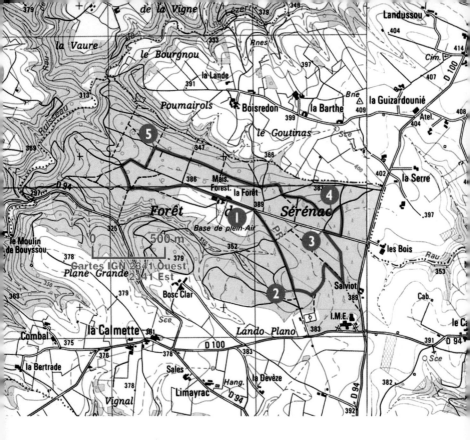

Bel et bon

La coloration automnale du feuillage du chêne d'Amérique, aux rouges si extraordinairement variés, compte pour bonne part dans son attrait ornemental. Ses feuilles à la surface importante, vivement lobées et remarquablement mates diffèrent considérablement de la parure de ses congénères d'origine européenne. L'arbre excelle dans la décoration des parcs. Son esthé-tisme réjouit tout autant les forêts.

Il n'est pas arrivé chez nous par hasard… Introduit en Europe au début du 18e siècle, il a séduit les riches parcs privés avant de gagner les forêts. Car son bois, à la croissance rapide, est de qualité. L'immigrant venu de l'Est des États-Unis s'est bien adapté. Hier artificiels, les peuplements se multiplient aujourd'hui d'eux-mêmes.

Chêne d'Amérique.
Dessin N.L.

La forêt de Sérénac

D'abord forêt du couvent de Saint-Louis-du-Désert, plus tard forêt de production pour les mines de charbon et la verrerie de Carmaux, la forêt de Sérénac, aujourd'hui départementale, ouvre ses peuplements feuillus et résineux aux fonctions récréatives et éducatives.

1 h 40
5 Km

395m
380m

Situation maison forestière de Sérénac, à 28 km à l'Est d'Albi, par la D 70 en passant par Arthes, Crespinet et Sérénac

 Parking le long de la route d'accès à la maison forestière

❶ Au panneau d'information, traverser la route pour prendre en face l'allée de gauche. Continuer tout droit en laissant deux allées sur la droite.

 Balisage jaune

Sittelle torchepot.
Dessin P. R.

❷ 550 m avant de parvenir sur la D 100, quitter l'allée pour un sentier à gauche. À la 1re patte d'oie, prendre à gauche. À la 2e patte d'oie, à droite. À la 3e patte d'oie (toujours en forêt, à 50 m devant la D 94), à gauche. Aller tout droit.

Ne pas oublier

❸ À la route d'accès, prendre à droite sur le goudron ; 100 m après, tourner sur une allée à gauche. Avancer tout droit. À la patte d'oie, prendre à gauche.

❹ À la patte d'oie 100 m après, aller à droite. À la patte d'oie, poursuivre tout droit. Aux 1er et 2e croisements, également ; 10 m après le 2e croisement, partir à droite. À la patte d'oie, progresser tout droit. Au 3e croisement, également. À la patte d'oie, prendre à droite. Au 4e croisement, continuer tout droit.

 À voir

❺ À la patte d'oie, tourner à gauche direction « boucle de la forêt ». À la 2e patte d'oie, s'engager à droite. À la 3e patte d'oie, 30 m plus loin, aller également à droite sur une piste caillouteuse. Au carrefour, prendre à gauche. Aux 1er et 2e croisements, également. Au 3e croisement, choisir à droite. Regagner la maison forestière.

 **En chemin**

■ maison forestière ■ borne Méridienne Verte ■ base de loisirs ■ forêt

Dans la région

■ Ambialet : méandre du Tarn, prieuré, église, ruines du château ■ Valderiès : maisons anciennes, église avec chœur en schiste, dolmen, panorama du Puy Saint-Gorges ■ Lescure : ancien fief du Saint Siège au 11e siècle, tour de l'Horloge (16e), église romane Saint-Michel (11e) ■ Valence-d'Albi : bastide fondée au 13e siècle, église de style ogival (15e)

En Forêt de Sérénac. *Photo DR-CG 81.*

Le plus bel isthme de France

É lisée Reclus, géographe aquitain du 19e siècle, a été le premier à considérer le méandre du Tarn à Ambialet comme «le plus bel isthme de France». Les qualificatifs originaux n'ont jamais manqué pour valoriser un site dont la position remarquable lui a valu de supporter et l'empreinte architecturale de la puissance féodale et celle de l'autorité religieuse. On admire encore aujourd'hui les vestiges de la forteresse des vicomtes d'Albi et un prieuré bien vivant qui abrite l'admirable sanctuaire roman de Notre-Dame de la Voute (11e).

La tradition veut qu'un croisé d'Orient ait rapporté là une sorte d'arbousier (*Aladern* en Occitan) dont le nom fut donné au site. C'est en fait, un type d'éricacée commun dans la région. Le nom, lui, sonne bien et sied au paysage.

Méandre d'Ambialet. *Photo CDT 81.*

Bonneval

4 h
16 Km

484m
208m

Situation Ambialet, à 23 km à l'Est d'Albi via Saint-Juéry par les D 172 et D 77

Parking
Bonneval : au bas du chemin d'accès à l'église

Balisage

❶ à ❹ blanc-rouge
❹ à ❶ jaune

Au cœur des hautes terres du Ségala, le Tarn a creusé une profonde vallée aux contours sinueux. Pour en révéler toutes les richesses, un parcours en balcon, ponctué de belvédères, caracole d'Ambialet à Trébas.

❶ Devant l'église, partir sur le GR® 36, à gauche. Poursuivre tout droit. À la sortie des Grens, monter à droite. À la patte d'oie après la crête, descendre le deuxième chemin à gauche. Sur la route, prendre à droite. À la patte d'oie 40 m après, à gauche. À la sortie de Villeneuve-du-Puech, aller à droite. Sur la route, tourner à gauche.

❷ À Saint-André, avancer tout droit à la patte d'oie. Descendre la première rue à gauche après le cimetière, direction Villeneuve-sur-Tarn.

❸ Dans le virage, virer sur le chemin en épingle à droite. Descendre en zigzag ; 30 m après le début du goudron, choisir le deuxième chemin à droite.

Ne pas oublier

❹ À Gos, sur la route, quitter le GR® en tournant à gauche. Devant un panneau « sans issue », descendre le chemin entre les haies à droite ; 20 m après, tourner à gauche. Après Masviel, prendre à gauche sur la route. Traverser Cramaux. Dans un virage en épingle, tourner sur le chemin à droite. Sur la piste, avancer à droite. Au croisement, tourner à droite. À la patte d'oie, poursuivre tout droit.

À voir

❺ Devant La Borie, prendre le goudron à droite. À la sortie, descendre le chemin creux à gauche. À la patte d'oie devant une maisonnette, aller à gauche. Sur la D 77, également. Dans La Tourrette, monter la rue à gauche. Continuer tout droit. Sur la D 77, prendre à gauche.

En chemin

■ château de Saint-André (15e) ■ Bonneval : église et château ■ panoramas sur la vallée du Tarn

❻ Monter la première route à gauche, direction Cazelles. Là, virer en épingle à droite. À la première patte d'oie, avancer tout droit. À la seconde, descendre à droite. Refermer les deux portillons. Au croisement, continuer tout droit. Traverser Combelasse. À la première patte d'oie sur la route, virer en épingle à droite. 150 m après, descendre le chemin en épingle à gauche. 200 m plus bas, virer en épingle sur le sentier de droite *(propriété privée)*. Descente en multiples zigzags. Sur le chemin, partir à droite. Sur la route, choisir à gauche. À Bonneval, rejoindre l'église par la gauche.

Dans la région

■ Ambialet : méandre du Tarn, chapelle du prieuré (16e), église, ruines du château ■ Trébas : ancienne station thermale aux eaux cuivreuses, site pittoresque dans la haute vallée du Tarn ■ Villeneuve-sur-Tarn ■ Marsal : collection religieuse Greschny

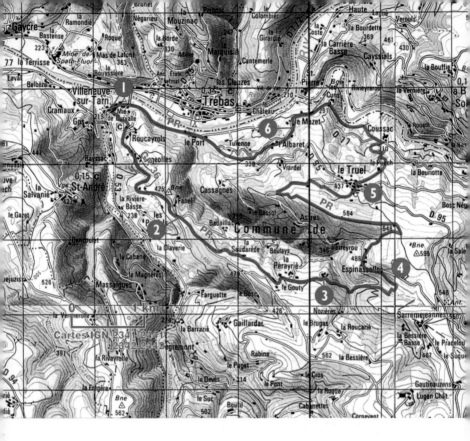

Plateau et vallées : le contraste

Altitude moyenne du plateau : 400 m. Altitude moyenne des vallées, en contrebas : 200 m. Un contraste saisissant né de l'acharnement des eaux à se constituer leur propre territoire, celui des vallées. Elles ont facilement entaillé les couches tendres qui constituent l'essentiel du plateau. Elles se sont frayé des passages à travers le quartz (Gourg Nègre du Dadou, Arifat du Bardès). Encaissées, roulant parmi les bois, elles entretiennent leur aspect sauvage. C'est le pays d'en bas. En haut, sur la platitude, émergent seuls les châteaux d'eau et les églises. Les activités humaines confirment le contraste : un plateau céréalier et pastoral ; des vallées forestières dont les eaux travaillent (pisciculture, moulins, barrage hydroélectrique…).

Haute vallée du Tarn. *Photo TP-CDT 81.*

Lou cami dels Castanhals

Le profond sillon creusé par les eaux du Tarn dans les vieilles terres du Ségala peut rester insoupçonné depuis les routes du plateau. Mais le sentier du Truel, rétablit la vérité, gambadant entre versants et dômes battus par les vents.

4 h 30
16,5 Km

560m
223m

Situation Villeneuve-sur-Tarn, à 12 km d'Ambialet sur la vallée du Tarn par la D 77

P **Parking** autour de l'église de Villeneuve-sur-Tarn

 Balisage

❶ à ❷ blanc-rouge
❷ à ❶ jaune

❶ Prendre le GR® 36 face à l'église. Gravir le raidillon herbeux. Traverser la route ; 20 m après, choisir le chemin à droite. Sur la route, aller à droite. Aux pattes d'oie de Roucayrols, Fageolles et Malagousse, tout droit.

❷ Laisser les routes menant à La Claverie et Badaillac. Continuer tout droit. Prendre à gauche vers La Saudarède. Devant La Saudarède, prendre le chemin à droite. Sur le bitume, à gauche. Traverser Le Gouty. Avancer tout droit. À la patte d'oie de Nozierettes, aller à gauche.

❸ Dans le virage devant Nozierettes, virer sur le chemin à droite. Franchir le ruisseau de Badaillac. Monter en face. À la première patte d'oie, monter à droite. À la seconde, tourner à gauche. Suivre en lisière de bois. Traverser le ruisseau. Sur le chemin au-dessus, suivre à gauche.

Ne pas oublier

❹ À la route, prendre à gauche. À la patte d'oie dans Espinassolles, aller à droite. Au calvaire en crête, tourner à gauche ; 50 m après, également. Suivre en crête. Sur la route, bifurquer à droite ; 400 m après, monter le chemin à droite. Continuer tout droit. À la patte d'oie au-dessus du Truel, partir à gauche. Au Truel, descendre tout droit. Sur la placette, virer à droite.

À voir

 En chemin

■ Villeneuve-sur-Tarn
■ village du Truel
■ panoramas sur la haute vallée du Tarn

❺ Sortir du village à droite. Au croisement du Puech, descendre à gauche ; 10 m avant la D 77 devant Coussac, virer sur le chemin à gauche. Traverser la route. Aux trois chemins après le ruisseau, choisir celui du milieu. À la patte d'oie, partir à gauche. Prendre la D 77.

❻ Prendre un sentier à gauche, rejoindre la D 95 à L'Albaret, puis descendre à droite. 15 m après le premier portillon, descendre à droite. Passer le second portillon. Sur la D 77, tourner à gauche. Rejoindre Villeneuve tout droit.

Grive draine. *Dessin P. R.*

Dans la région

■ château de Saint André (15e siècle) ■ château de Lugan ■ haute vallée du Tarn ■ Alban : église, fresques de N. Greschny, roc des anglais, dolmen « palet de la vierge » et menhir « palet du diable » ■ Trébas : ancienne station thermale aux eaux cuivreuses

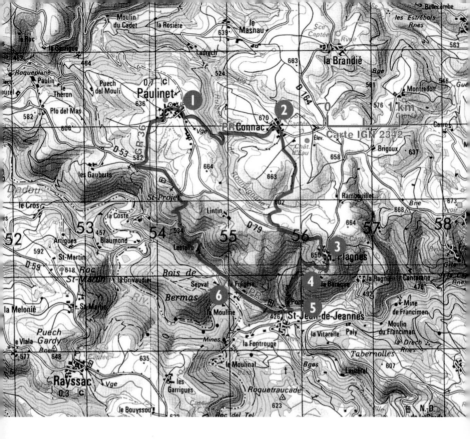

Des bois et déboires

*E*n automne, tout tombe en forêt. Les feuilles et les bois… du chevreuil. Un simple choc, un cahot y suffisent. Et voilà le pauvre animal momentanément sans bois accoutré du surnom loufoque de «chevreuil mulet». Déjà qu'en temps ordinaire on l'appelle cabrol ! Mais des bois de cervidé, ça repousse aussitôt et, à l'entrée de l'hiver, deux excroissances se dessinent nettement sous leurs gaines de velours.

Encore mous, les futurs bois sont alors très fragiles. Le moindre choc fait souffrir leur porteur. Vers février, ils

Haute vallée du Dadou. *Photo TP-CDT 81.*

durcissent. Au printemps, ils sont formés. Le chevreuil «fraye» (arrache) leurs velours en les frottant contre des arbres. Les bois tout neufs apparaissent. On ne trouve pas les résidus de velours : le chevreuil les mange !

Sentier du Chevreuil

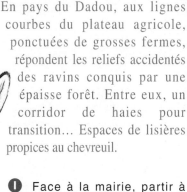

En pays du Dadou, aux lignes courbes du plateau agricole, ponctuées de grosses fermes, répondent les reliefs accidentés des ravins conquis par une épaisse forêt. Entre eux, un corridor de haies pour transition… Espaces de lisières propices au chevreuil.

3 h
11,5 Km

682m
426m

Situation Paulinet, à 6 km au Sud d'Alban par les D 86 et D 53

 Parking devant la mairie

 Balisage

❶ à ❻ jaune
❻ à ❶ blanc-rouge

❶ Face à la mairie, partir à droite. Laisser la première voie de gauche (GR®), puis tourner à gauche. S'enfoncer dans un chemin creux bordé de houx. À l'intersection avec un chemin, aller à droite.

Chevreuil. *Dessin P. R.*

❷ Traverser Connac tout droit. À la sortie, descendre un large chemin à droite, devant une exploitation. Au croisement, tourner à gauche. Refermer la barrière à hauteur d'un étang. À la D 79, s'engager à gauche sur le goudron.

Ne pas oublier

❸ À l'entrée de Plagnes, tourner à droite. Au bas du village, prendre encore à droite. Dans le virage avant La Baraque, descendre le chemin à droite en sous-bois. Au croisement (en sous-bois), virer en épingle à gauche. À la patte d'oie, poursuivre tout droit.

❹ Dans un virage en épingle à gauche sur la crête, laisser aussitôt le chemin pour tourner à droite en bordure de prairie. Descendre la ligne de crête en zigzag.

 À voir

❺ Sur la petite route, partir à droite. S'engager sur la D 53 par la droite. Aux deux croisements, avancer tout droit.

 **En chemin**

- château de Paulin (10e)
- hameau de Plagnes
- Saint-Jean-de-Jeannes
- vallée de Roumignane

❻ Derrière le stade, virer à gauche direction Sepval. Aussitôt après, descendre sur le chemin en contrebas à droite (GR® 36). Longer la retenue d'eau à main gauche et continuer tout droit jusqu'au premier croisement de pistes derrière le terrain de camping. Monter le chemin en sous-bois en face. Passer devant Lestelle et grimper à main droite. Traverser la D 53. Sur la D 79, à gauche. À la patte d'oie de Saint-Projet, choisir à droite ; 70 m après l'intersection de la D 79 avec la D 53, descendre une large piste à droite. La suivre jusqu'à Paulinet.

Dans la région

- gorges de l'Oulas
- gorges du Dadou
- Notre-Dame d'Ourtiguet
- Alban : église, fresques de N. Greschny, roc des anglais, dolmen «palet de la vierge» et menhir «palet du diable» ■ Mont Roc

Astronomes campagnards

Observatoire de Montredon-Labessonnié. *Photo CDT 81.*

*E*n 1610, la «tour carrée», observatoire astronomique reconnu pour être le plus ancien de France, est édifiée à Montredon-Labessonnié par Guillaume le Nautonnier, géographe du roi, spécialiste de la boussole et de la navigation maritime, astronome et mathématicien. En 1984, la commune inaugure l'un des vingt plus importants observatoires amateurs de France. Un planétarium existe aujourd'hui, unique en son genre en milieu rural.

Spectacles de planétarium et soirées d'observation dominent les activités. On construit aussi des fusées hydropneumatiques et l'ouverture scolaire devient un moteur. Les interventions extérieures des scientifiques locaux se développent et, en 1998, naît un Salon des loisirs et livres scientifiques.

L'Houlette

Les hautes terres du Montredonnais réservent d'agréables surprises : reliques de hameaux oubliées au fond des vallons, larges panoramas courant jusqu'aux Pyrénées et un édifice voué depuis des siècles à la passion des astres.

❶ À l'angle de l'agence du « Crédit Agricole », prendre à gauche direction Arifat. Tourner à gauche, route de Saint-Pierre. Continuer tout droit. Au croisement, encore tout droit ; 20 m après, choisir le deuxième chemin à droite.

❷ Sur la route, tourner à droite. 40 m plus loin, prendre à gauche direction Le Salés. À la patte d'oie, aller à gauche, puis tout droit sur goudron.

❸ Au croisement, s'engager à droite sur le GR® 36. Ensuite, poursuivre tout droit. Suivre direction Peyreblanque. Dans le virage (585 m), partir sur le chemin à droite. À la 1re patte d'oie, aller à gauche. À la 2e, à droite.

❹ Arrivé à un large chemin de crête, partir à gauche. Ensuite, prendre à droite. À la deuxième intersection, également. 30 m après, encore à droite. Au Plégadou, traverser la route tout droit. Au croisement de Lusclade, aller tout droit. À la patte d'oie, choisir à droite direction Fourcaric.

❺ Au carrefour, s'engager sur la deuxième route à gauche (église de Blaucau). Devant l'église, virer à 90° à droite. Sur la route, tourner à gauche.

❻ Quitter le GR® en allant tout droit. À la patte d'oie du Buguet, encore tout droit. À la patte d'oie de Granquié, tourner à gauche. Devant Granquié, prendre le chemin herbeux à droite. À la route, suivre le deuxième chemin à gauche. À la patte d'oie, tourner deux fois à droite.

❼ Longer Blaucavet par en-dessous, à main gauche. À la sortie, prendre le deuxième chemin à droite. Aux 1re et 2e pattes d'oie, avancer tout droit. Descendre en zigzag. Franchir plusieurs petits ponts et remonter le ruisseau. Le franchir sur une passerelle en bois *(glissante par temps de pluie)*. Continuer tout droit. Au Fustié, encore tout droit.

❽ Sur la route, aller à droite, puis tout droit. Au croisement « Vallée de l'Agoût », descendre le chemin à droite. Continuer tout droit. Sur la route, prendre à gauche.

❾ Poursuivre tout droit. À la patte d'oie, aller à gauche. À la D 89, tourner à droite. Rejoindre l'église.

---

5 h
18,5 Km

641m
487m

Situation Montredon-Labessonnié, à 20 km Nord-Est de Castres par la D 89 (en passant par Roquecourbe) **(PNR du Haut-Languedoc)**

 Parking place de l'église

 Balisage
❶ à ❸ jaune
❸ à ❻ blanc-rouge
❻ à ❶ jaune

 Difficulté particulière

■ passage délicat à VTT entre ❺ et ❻

Ne pas oublier

(vélo)

À voir

 En chemin

■ hameau et moulin de l'Houlette ■ hameau de Blaucavet ■ église et cimetière de Blaucau ■ planétarium observatoire

Dans la région

■ château de Castelfranc et son observatoire (17e) ■ château de Montredon ■ chapelle Notre-Dame de Ruffis (14e) ■ lacs de la Bancalié et de Razisse (château de Grandval) ■ cascades d'Arifat ■ Saint-Pierre-de-Trivisy : base de loisirs, Aventure Parc

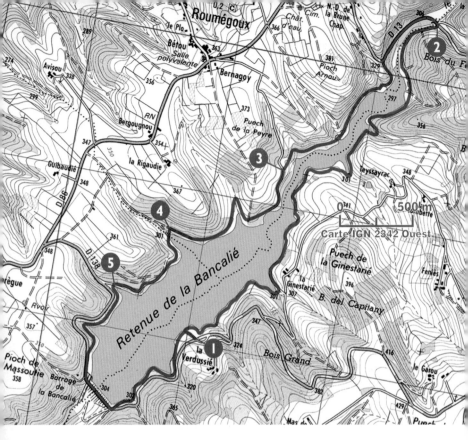

Miroir à double face

Un lac artificiel est rarement installé par hasard et les intérêts économiques ne font pas souvent bon ménage avec les aspects esthétiques.

Les berges de La Bancalié. *Photo CDT 81.*

Devant le plan d'eau de La Bancalié, pourtant, tout est séduisant. D'un côté, les pins couronnent les collines, touche méditerranéenne au paysage. De l'autre, les pâtures renforcent une large impression de calme. Pendant ce temps, d'une quinzaine de vallons, l'eau court vers le lac. En fait, elle sourd partout en filets nerveux et transparents pour terminer sa course, large et répandue, au pied du barrage. Elle seule anime un temps les lieux, vite dédiée miroir pour les pins et les prés.

Sentier du Lac

3 h
10 Km

325m
306m

Situation Saint-Antonin-de-Lacalm, à 10 km au Nord-Est de Réalmont. Accès par la D 86 et la D 138

Ils sont plusieurs «Puech», sommets des dômes arrondis d'Arnau, de La Peyre, de Massoutié, de Soulet, de La Ginestarié ou de La Bancalié à se mirer dans les eaux calmes du lac.

Grèbe castagneux.
Dessin P.R.

❶ Du parking en bordure de la D 138 (800 m après le barrage), face au lac, partir à droite sur un sentier herbeux entre parking et plan d'eau. Le sentier épouse les contours du lac. Passer sous La Ginestarié continuer tout droit jusqu'à la D 13.

❷ Prendre à gauche sur le goudron. Passer le pont et monter tout droit sur le bitume. Au milieu du premier virage à droite, descendre le large chemin à gauche. En bas de côte, poursuivre tout droit. À la première patte d'oie, descendre à gauche. En haut de côte, descendre à gauche. À l'intersection suivante, tourner à gauche.

❸ Traverser la route pour monter en face.

❹ 10 m après la ligne des eaux, quitter la piste pour franchir la passerelle. Monter droit puis tourner à gauche pour suivre la limite supérieure du pré. Le chemin débouche sur une ancienne route.

❺ Traverser la voie goudronnée, passer un petit pont sur un fossé. Le sentier en sous-bois mène au barrage du plan d'eau. Franchir l'ouvrage. Prendre la première piste à gauche; à la patte d'oie 70 m après, prendre à droite. Regagner le point de départ.

Le lac de La Bancalié. *Photo CDT 81.*

Parking parking de l'aire de loisirs, rive gauche (D 138, direction Saint-Antonin)

Balisage jaune

Ne pas oublier

À voir

En chemin

■ plan d'eau de La Bancalié, oiseaux d'eau, espaces aménagés

Dans la région

■ bastide de Réalmont : place centrale entourée de couverts, église Notre-Dame du Taur ■ lac de Razisse (château de Grandval) ■ cascades d'Arifat ■ chapelles gothiques de Fauch et Ronel ■ gorges du Dadou

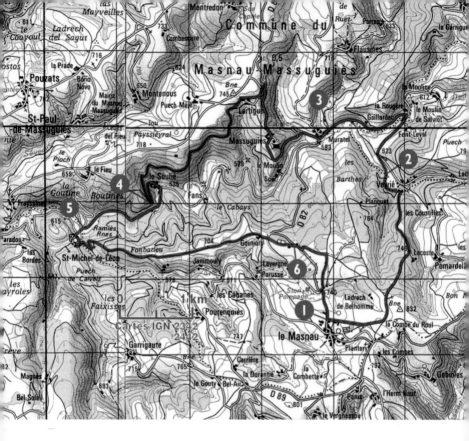

La montagne agricole

Médecin dans la montagne au 19e siècle, le docteur Rascol décrit les pratiques agricoles du début de son époque, quand on laboure avec une charrue au soc de bois : *« Cet araire (…) remue une mince couche de terre et ne peut soulever le gazon dont l'écobuage a raison. Ce travail pénible et dispendieux a l'avantage de purger le sol des graines adventives et de fournir une cendrée favorable à la végétation. Sur le terrain plusieurs fois labouré ou simplement écobué est répandu du fumier ou* de la cendrée, puis le seigle. L'année suivante, c'est le tour de l'avoine puis les champs restent en jachère pendant sept à huit ans. Bientôt, la pomme de terre prend rang avant l'avoine dans l'assolement qui devient triennal ». Autres temps, autres difficultés…

Massuguiès. *Photo PU-CG 81.*

Sentier du Masnau

5h15
18,5 Km

805m
525m

Aux sources du Dadou, les terroirs agrestes du plateau disputent aux ravins forestiers de la rivière et de ses affluents ; on dit ici « Lo rec manjo la plano » (Le ruisseau mange le plateau).

Situation Le Masnau-Massuguiès, à 23 km au Nord-Ouest de Lacaune par les D 622, D 607 et D 89

❶ Du parking de la salle des fêtes (D 82, direction Montfranc) rejoindre le chemin se trouvant à l'opposé de l'accès routier. À la patte d'oie, tourner à droite. Au croisement, à gauche. À la patte d'oie du calvaire, aller tout droit. À la patte d'oie (746 m), à gauche.

 Parking salle des fêtes (sortie du Masnau, direction Montfranc)

❷ Après avoir franchi le ruisseau, laisser la piste pour un sentier à gauche (*attention ! croisement d'itinéraires*). À la route, aller également à gauche. À Font-Leval, continuer tout droit ; 120 m après, tourner à gauche sur la route. À la patte d'oie de Gaillardac, à gauche.

Balisage jaune

❸ Poursuivre tout droit. À la patte d'oie sous Muratel, tourner à droite direction Montfranc (*attention ! croisement d'itinéraires*). Au panneau « virages sur 3000 m », monter le sentier abrupt à gauche. Reprendre la route à gauche. Traverser Massugiès. À l'entrée d'un virage, prendre le chemin en épingle à gauche. Au croisement, choisir la route en face. Traverser Lartigue. À la sortie, descendre le chemin à gauche ; 150 m plus loin, partir à gauche sur la piste. Descendre tout droit.

 Difficulté particulière

■ secteur très humide au point ❺

Ne pas oublier

❹ Au croisement de deux pistes, descendre en épingle à gauche. Traverser Le Soulié. À la route, prendre à droite et suivre le goudron.

 À voir

❺ Devant la patte d'oie sous Saint-Michel-de-Léon, quitter la route pour le chemin de gauche direction « Saut de la Truite ». Monter le raidillon. Au goudron, virer à gauche. À la patte d'oie 50 m après, prendre à gauche le chemin herbeux. Franchir le ruisseau. À la première patte d'oie sur la piste, virer en épingle à gauche. À la deuxième 30 m après, monter à droite. À la troisième dans un virage, à droite. En crête, poursuivre tout droit. Longer le stade par la droite. Dans le virage face à l'orée du bois, virer à droite en lisière.

En chemin

■ village de Masnau ■ château de Massuguiès (16e) ■ Saint-Michel-de-Léon et sa cascade ■ église Saint-Paul ■ croix

❻ Sur la D 82, partir à droite ; 10 m après, sauter le fossé pour le chemin herbeux devant le transformateur. À la piste, avancer tout droit. À la patte d'oie, descendre à droite sur le sentier longeant les houx. Continuer tout droit. Traverser la route ; 30 m plus loin, la remonter vers le Masnau.

 **Dans la région**

■ haute vallée du Dadou ■ Saint-Salvi-de-Carcavès ■ panorama de Roquecezière ■ Saint-Pierre-de-Trivisy : calvaire (18e), base de loisirs, Aventure Parc ■ gorges de l'Oulas ■ château de Paulin (10e)

Rude symbiose

La rudesse climatique des monts d'Alban et de la haute vallée du Dadou a contraint l'habitant à rechercher la protection des sites naturels. L'église de Saint-Salvi-de-Carcavès se rencogne ainsi derrière un imposant rocher qui lui épargne les vents dominants. Sa posture illustre une démarche générale qui nourrit une impression

Saint-Salvi-de-Carcavès. *Photo TP-CDT 81.*

montagnarde là où l'on vit aux environs de 600 à 800 m d'altitude. Les maisons sont, en effet, de par leur conception et leur agencement, cousines des logis de plus haute altitude. Pays rude pour hommes rudes, la haute vallée du Dadou dessine un paysage sans concession où, malgré une ouverture récente aux communications de la vie «moderne», les seconds savent encore se fondre dans le premier pour mieux l'exploiter.

Saint-Salvi-de-Carcavès

5 h
17,5 Km

842m
586m

Au creux d'une vallée, appuyés à flanc de versants ou postés sur les hauteurs, fermes et hameaux sont partout présents. Des chemins creux, en balcon ou en crête irriguent les terroirs et relient les foyers.

Situation Saint-Salvi-de-Carcavès, à 20 km au Nord-Ouest de Lacaune par les D 622, D 607 et D 158

 Parking entrée du village

 Balisage jaune

❶ Descendre dans le village par la ruelle à droite. Près de la maison des Associations, prendre à droite. Continuer à descendre par la route. Laisser une voie sur la gauche. À 1 km, monter à la ferme de La Micalié. Continuer par le large chemin. En haut, prendre à gauche du hangar. Franchir le ruisseau et atteindre La Combe-Basse. Suivre la route sur 1 km.

❷ Dans le virage, prendre à gauche. Au carrefour de pistes, suivre celle de droite, puis à quelques mètres, virer à droite en sous-bois. Dans un virage, laisser la piste de gauche. Plus bas, s'engager entre deux rangées d'épicéas pour rejoindre le chemin en fond de vallée. Partir vers la gauche dans la zone de pâturages et franchir quatre passe-clôtures.

Ne pas oublier

❸ *Attention ! croisement d'itinéraires*. Sur la route devant Muratel, aller à gauche. À la patte d'oie de Gaillardac, tout droit. Prendre la première route de droite direction Font-Leval. À la patte d'oie de Font-Leval, poursuivre tout droit. Dans le virage, descendre à droite, ne pas franchir le ruisseau et remonter.

❹ Traverser une large piste (*attention ! croisement d'itinéraires*). Le sentier débouche sur une route. Partir à droite. Devant Veyrié, monter à gauche. Sur le chemin, à droite. Au croisement de pistes 40 m après, prendre à droite. En haut de côte, franchir deux passe-clôtures. Aux deux premières pattes d'oie, tout droit ; 15 m après la deuxième, piquer à droite dans la pente. À gauche en fond de vallon. Devant la prairie, virer en épingle à droite. Suivre le ruisseau. Franchir le pont. Refermer la clôture. Monter tout droit. 30 m après le haut de côte, tourner à gauche. Longer et refermer la clôture. À la patte d'oie, prendre à gauche.

❺ Au croisement routier, traverser vers la haie en face. Au croisement, prendre à droite ; 25 m après, à gauche ; 30 m ensuite, encore à gauche. Aller tout droit au-dessus de La Falgassié. Dans le virage, virer à gauche. À la patte d'oie, tourner à droite. Au croisement en fond de vallon, faire un droite-gauche. Poursuivre tout droit.

À voir

 En chemin

■ Saint-Salvi-de-Carcavès
■ haute vallée du Dadou
■ panoramas ■ petit patrimoine

Dans la région

■ village de Masnau
■ panorama de Roquecezière ■ Lacaze : château médiéval (reconstruit au 16e) et église de Camalières
■ Viane : fontaine de Recoules, panorama du rocher, base de loisirs de La Rabaudié

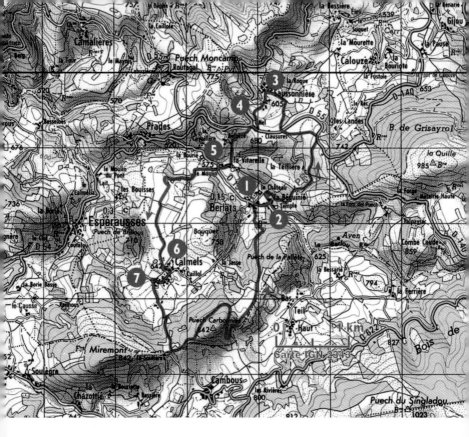

Jasses sans défaut

Jasse. *Photo PU-CG 81.*

On l'appelle mazet en Languedoc viticole, capitelle en Languedoc méditerranéen… En montagne du Haut-Languedoc, c'est la jasse : un abri de pierres sèches, encore construit au début du 20e siècle en zones pastorales.

Les bergers l'ont bâtie selon le principe de la voûte en encorbellement ou toit de charge. «C'est le procédé de la «fausse voûte», les pierres n'étant pas dressées les unes contre les autres de manière rayonnante mais posées par assises avec dépassement de la rangée supérieure sur la rangée inférieure.» (J.-L. Massot). Une mise en œuvre complexe : le porte-à-faux permet aux pierres de se rejoindre pour former une voûte autoportante, les dalles supérieures assurant uniquement l'étanchéité. Un travail forcément sans défaut, sinon…

Le Puech dels Carboniès

3 h 20
12 Km

843m / 575m

Situation Berlats, à 35 km à l'Est – Nord-Est de Castres et 12 km de Brassac par la D 622 et la D 154

Parking
place du monument aux morts, près de la mairie

Balisage
jaune

En pays du Berlou, la forêt paysanne a jadis fourni le charbon de bois aux villages, hameaux et fermes d'un pays de troupeaux et de cultures. Aujourd'hui, sur le Puech dels Carboniès, les jasses de berger témoignent, au cœur de plantations de résineux…

1 Au monument aux morts de Berlats, prendre la direction de La Béguinié.

2 Devant La Béguinié, tourner à gauche. À hauteur du château, partir à droite, puis tout droit. À la patte d'oie, virer à gauche. À la croix, continuer tout droit. Sur la route, tourner à gauche et 40 m après, encore à gauche. Sur la petite route, aller à droite ; 60 m plus loin, traverser une deuxième route plus large et 30 m après, aller tout droit. Au croisement, s'engager à gauche et poursuivre tout droit.

3 À l'entrée de Saussonnière, tourner deux fois à gauche sur la route goudronnée.

Ne pas oublier

4 Face à l'Estang, aller à droite ; 20 m après, prendre le deuxième chemin à gauche. Continuer dans le chemin creux. Traverser Nel jusqu'à la route. Sur celle-ci, partir à droite ; 30 m après à l'angle d'un hangar, virer à gauche. Descendre le chemin, aussitôt à droite. À La Vitarelle, prendre à droite direction Le Moulin.

5 Sur la D 154, tourner à gauche. Franchir le pont. Aussitôt après, virer à droite. En haut de côte, continuer tout droit. Au croisement de La Barde, poursuivre tout droit. À la patte d'oie, tout droit vers Calmels.

À voir

En chemin

■ les jasses ■ château de Berlats ■ panoramas sur les puech

6 À l'entrée de Calmels, contourner les premiers bâtiments par la droite. Enfiler la première rue à droite ; 30 m après, tourner à droite. Ensuite tout droit.

7 À la sortie du village, prendre à gauche direction Julié. En haut de côte devant Julié, tourner deux fois à gauche. Dans le S, prendre le premier virage à gauche, puis le second virage à droite. Après, continuer tout droit. Au croisement devant La Soulière, aller à gauche. Pénétrer dans la forêt communale de Berlats par la piste de gauche. Avancer tout droit *(à droite : variante du Puech des Charbonniers)*. À la patte d'oie, descendre à gauche. Après le virage en sortie de forêt, poursuivre tout droit. Au croisement, encore tout droit. Descendre jusqu'à Berlats.

Dans la région

■ Viane : fontaine de Recoules, panorama du rocher, base de loisirs de la Rabaudié ■ forêt de Montagnol ■ Lacaze : château médiéval (reconstruit au 16e) et église de Camalières ■ église Saint-Jean del Frech

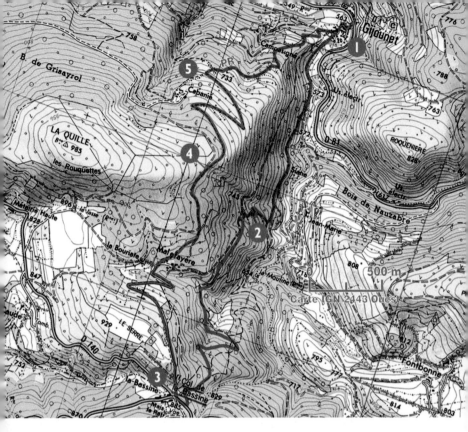

Seulement sauvage

*E*n 1970, François Truffaut relate l'histoire rocambolesque de Victor «l'Enfant Sauvage». Son film étonne. Pas tout le monde. Les habitants des monts de Lacaune n'ont pas oublié : un enfant «mâle, âgé de 11 à 12 ans» est découvert par des chasseurs à proximité du col de la Bassine, en 1797. Il est nu, grogne, se déplace à quatre pattes. On l'enferme, puis on l'expose en place publique. L'attraction attire les foules de Rodez, de Paris. Enfin, il est confié au «bon» docteur Itard qui tente de l'insérer «socialement». C'est la part pédagogique, intéressante du film. Intellectuellement, Victor s'adapte faiblement. Il disparaît en 1828.
Élevé par les loups ? C'est probable. Ses origines ? L'histoire vit d'hypothèses.

Gijounet. *Photo CDT 81.*

Malefayère

3 h
9 Km
829m
563m

De la vallée du Gijou, de nombreux chemins, héritage des anciennes pratiques agropastorales arpentent les reliefs tourmentés. Plus haut, les lourdes dorsales sont le domaine des forêts épaisses longtemps méconnues et isolées…

Situation Gijounet, à 4 km Sud-Est de Viane par la D 81

Parking après le pont, en bas du village

Balisage jaune

❶ Passer le pont et monter jusqu'au plus haut du village. Devant l'église, descendre à gauche et longer le Gijou. À la patte d'oie, s'engager à droite. Passer devant les ruines de Siane. Après un petit ruisseau, monter un sentier escarpé à main droite.

❷ Sur la large piste, virer à gauche. À la patte d'oie 150 m plus loin, tourner à gauche.

❸ Au col de la Bassine, virer deux fois à droite vers une piste. Passer par la gauche au-dessus du hameau de Malefayère. Au croisement, poursuivre tout droit.

Pic épeiche.
Dessin P. R.

❹ Sur le terre-plein, descendre la piste à droite.

❺ À la troisième épingle, s'enfoncer dans l'allée à gauche. Par le chemin creux qui succède, descendre jusqu'à Gijounet.

Ne pas oublier

À voir

 En chemin

■ village de Gijounet (pont, four à pain, lavoir,…)
■ panoramas

 Dans la région

■ site du Gourp fumant
■ sommet de la Quille (point de vue) ■ Lacaze : château médiéval (reconstruit au 16e) et église de Camalières
■ Viane : fontaine de Recoules, panorama du rocher, base de loisirs de La Rabaudié
■ église Saint-Jean del Frech
■ Lacaune : château de Calmels (18e), maison de la Charcuterie, musée du vieux Lacaune, église (17e), fontaine des Pisseurs (15e), filature Ramond (19e)

Gijounet. *Photo CDT 81.*

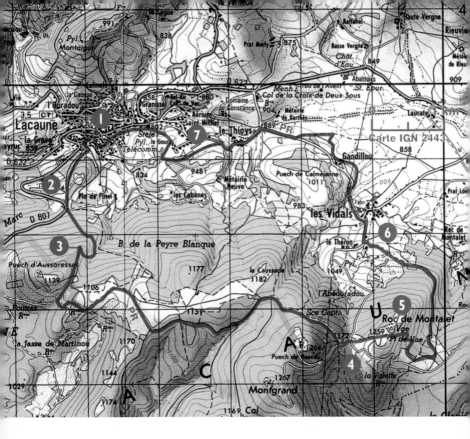

L'inspiration du sommet

*P*iton rocheux, le Roc du Montalet (1 259 m) a été de tous temps un lieu de manifestations religieuses. D'abord les cultes rendus aux divinités et aux phénomènes naturels, dont la mémoire échappe. Ensuite, les pèlerinages de l'église catholique. Au 18e siècle, les gens du pays, manquant d'occasions de se distraire à la montagne, confondirent les premiers et les seconds. À tel point qu'après de graves abus, vers 1770, l'évêque de Castres interdit toute procession au Montalet ! Un nouvel évêque rétablit le pèlerinage en 1776. À la condition de ne

Le Roc du Montalet. *Photo PU-CG 81.*

pas être dans les chemins après le coucher du soleil, de séparer les hommes des femmes. Et d'ériger une croix au sommet. Une statue de la Vierge la remplace depuis 1882.

Le Roc du Montalet

Dès les ruelles de Lacaune, aux ambiances déjà montagnardes, l'ascension vers le sommet du Montalet s'effectue dans l'atmosphère ouatée de hêtraies magnifiques…Au Rocher de la Vierge, le regard peut embrasser tout le sud du Massif Central.

5 h 30 · 19 Km
1259m
793m

Situation Lacaune, à l'Est - Nord-Est de Castres par la D 622 **(PNR du Haut-Languedoc)**

Parking place de Gaulle, devant l'Office de Tourisme

Balisage jaune

Difficulté particulière

■ difficile au départ, surtout à VTT ■ brouillard fréquent

Ne pas oublier

❶ Derrière la statue de la Vierge, monter rue de la Murette ; 80 m après, tourner à gauche. À la patte d'oie, quitter le goudron par la droite. Continuer tout droit.

❷ Prendre le petit sentier bordé de houx, à gauche. Traverser la route par un rapide gauche-droite. Gravir le sentier. Au croisement avec un chemin, poursuivre tout droit. Devant une propriété privée, le sentier bifurque et grimpe à droite.

❸ Au roc des Écus, tourner sur la crête à gauche. Avancer tout droit. Descendre sur une large piste. S'y engager à main gauche. À la première patte d'oie en début de forêt, aller à gauche. À la deuxième patte d'oie, également. Au carrefour, continuer tout droit.

❹ Sur la route, tourner à gauche. À la patte d'oie, 200 m après, traverser le goudron pour grimper tout droit vers le sommet du Montalet.

❺ Descendre un sentier étroit et abrupt, entre les hêtres tordus. Avancer tout droit sur la lande plate. Devant la route, virer en épingle à gauche et descendre à droite.

❻ À la route, tourner à droite vers Les Vidals. Au stop, prendre à gauche ; 350 m plus loin, virer dans un chemin à droite. Longer Gandillou par la droite. Descendre le chemin toujours à main droite. En bas, suivre la courbe à gauche, puis poursuivre tout droit. Sur la route, prendre à droite. Au croisement, tourner à gauche vers Le Thioys. Traverser le hameau.

❼ 20 m après la première patte d'oie, monter le chemin entre les houx à gauche. Sur la route, tourner à droite ; 50 m plus loin, encore à droite. Dans la descente, virer deux fois à gauche à l'angle du premier hangar de gauche. Poursuivre tout droit. Aux premières maisons de Lacaune, laisser le chemin de gauche. Au croisement, tourner à droite, puis aussitôt à gauche. Face au tunnel, bifurquer à droite. Descendre jusqu'à la statue de la Vierge.

A voir

En chemin

■ Lacaune : fontaine des pisseurs (15e) ■ roc du Montalet (1259 m) : vierge, panorama, landes (parcours d'interprétation) ■ roc des Écus ■ hameau des Vidals

Dans la région

■ circuit des statues menhirs et des ardoisières ■ lac du Laouzas (musée Rieu-Montagné, base de loisirs) ■ Lacaune : château de Calmels (18e), maison de la charcuterie, musée du vieux Lacaune, église (17e), fontaine des pisseurs (15e), filature Ramond (19e)

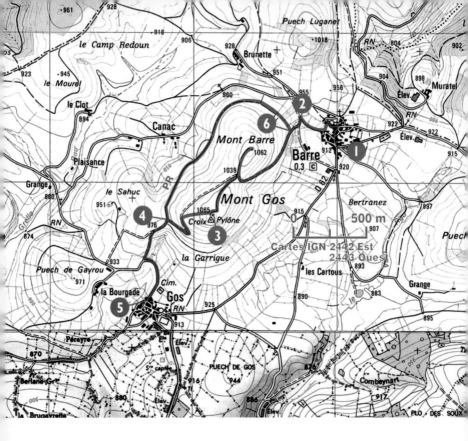

« Kli-kli-kli » et « guegueg »

Un «kli-kli-kli» clair venant des airs, c'est la voix du faucon crécerelle en vol. Le redoutable petit rapace roux voltige haut dans le ciel, battant frénétiquement ses ailes pointues et observant le sol. Dès qu'un mulot apparaît, le faucon crécerelle se laisse alors tomber sur lui. Les rongeurs sont ses prises favorites. Accessoirement, il mange des sauterelles et divers insectes. Bien utile…

Un «guegueg», c'est le parler du busard cendré. D'un peu plus d'un mètre d'envergure, ventre blanc et extrémités des ailes noires, la voilure coudée, l'oiseau chasse à quelques mètres du sol, souvent au crépuscule. Petits mammifères, œufs d'oiseaux et gros insectes assurent son quotidien. Il se repose à terre ; jamais il ne dort dans les arbres.

Faucon crécerelle. *Dessin P.R.*

Le Mont Barre

2 h
6 Km

1062m
912m

Situation Barre, à 15 km Nord Est de Lacaune, à 63 km à l'Est de Castres par les D 622, D 62 et D 69 **(PNR du Haut-Languedoc)**

Parking
à l'entrée du village

Balisage
jaune

Difficulté particulière

■ brouillard fréquent

Ne pas oublier

Busard cendré.
Dessin P.R.

❶ Du calvaire central, monter jusqu'à la Poste. Devant, prendre à droite. Sur la placette du lavoir, se faufiler dans la ruelle à gauche. Traverser le carrefour ; 20 m après, monter la première ruelle à droite. Longer l'église par le bas. Descendre le premier sentier à gauche d'une habitation. En bas, virer à droite à l'angle d'une croix.

❷ Sur la route, choisir à gauche. Traverser direction « relais du Mont Barre ». À la patte d'oie, monter à droite. 50 m après, continuer tout droit. Au col, partir à droite direction « table de lecture du Mont Barre ». Du Mont Barre, revenir au col. Monter en face vers le mont Gos.

❸ Au relais et à la croix, descendre à droite direction Gos. Sur le chemin, bifurquer à gauche.

❹ Au croisement de la carrière, tourner à gauche. À la patte d'oie et sur la route, prendre à gauche.

❺ Visiter Gos. Revenir sur ses pas jusqu'à la carrière

❹ Prendre à gauche. Laisser le chemin de gauche.

❻ À l'intersection avec le chemin aller de la montée, descendre en épingle à gauche. Rejoindre la route, puis le calvaire de Barre par le parcours aller.

Sur le Mont Barre. *Photo PU-CG 81.*

À voir

En chemin

■ Barre : linteaux de portes en grès permien ■ mont Barre : panorama (table d'orientation), sentier d'interprétation (tables paysagères) ■ mont Gos : panorama de la croix ■ Gos : four banal restauré, linteaux de portes en grès permien

Dans la région

■ Lacaune : château de Calmels (18e), maison de la charcuterie, musée du vieux Lacaune, église (17e), fontaine des pisseurs (15e), filature Ramond (19e) ■ circuit des statues menhirs et des ardoisières ■ roc du Montalet ■ lac du Laouzas : base de loisirs, musée des Arts et Traditions populaires de Rieu-Montagné

Énigmatiques statues-menhirs

Statue menhir. *Photo DR-CG 81.*

Souvenirs du Néolithique (- 2 500 ans), d'intrigantes statues-menhirs jalonnent la partie orientale des monts de Lacaune. Façonnées par martelage avec un galet de pierre dure ou taillées en bas-relief par un piquetage en profondeur de la pierre, les mieux conservées d'entre elles portent les attributs sociaux de la masculinité ou de la féminité. Avec les menhirs, les cavernes peintes ou sculptées du Paléolithique supérieur (- 12 000 ans), ces statues-menhirs figurent parmi les rares manifestations artistiques subsistant des époques très lointaines. Leurs études n'apportent toujours pas de réponse(s) définitive(s). Énigmatiques et silencieuses, elles nous rappellent avec à propos et une simple élégance la dimension de nos incertitudes.

Le Plo de Canac

De la vallée escarpée du Dourdou, le sentier escalade les pentes pierreuses piquetées de buis jusqu'à atteindre le «Plo» où dans un dernier soubresaut, les hautes terres Tarnaises et leur bise mordante cèdent le pas aux maquis méditerranéens et leurs tièdes effluves.

❶ De la placette centrale, descendre la route. Franchir la rivière. À hauteur de l'église, monter le sentier à gauche. Sur le chemin, aller à gauche. Au premier châtaignier, prendre à gauche. Avancer tout droit ; 30 m après, se glisser à gauche entre deux monticules. Suivre le raidillon. Sur le plat, poursuivre à main droite.

❷ Sur la piste, partir à droite et prendre le virage en épingle. À la route, tourner à gauche. À Lardenas, continuer tout droit sur le goudron ; 200 m après, bifurquer sur le chemin à gauche.

❸ À la patte d'oie, prendre à droite ; 80 m plus loin, plonger à droite en lisière de bois. À mi-pente, trouver le sentier à gauche entre les arbres. Refermer la clôture. En bas, virer en épingle à droite. Sur la plate-forme en herbe, partir à gauche. Aller en face sur le sentier. Poursuivre tout droit.

❹ À Catonières, prendre à droite sur le goudron ; 30 m après, virer à gauche derrière le dernier bâtiment. Traverser le ruisseau. Monter tout droit.

❺ Tourner à gauche sur la D 169. Traverser le hameau du Massié. À la sortie, tourner sur la première route à gauche jusque Pante. Continuer sur le chemin, à main gauche. À la patte d'oie, descendre à gauche. Continuer tout droit.

❻ À la sortie d'une courbe à gauche, plonger à gauche vers un sentier en contrebas. Le prendre à droite. Sur la piste, aller à droite. À la patte d'oie, 25 m après, suivre le chemin à gauche.

❼ 100 m plus loin, quitter le chemin pour descendre à gauche. Pente abrupte en zigzag sur environ 60 m. En bas, tourner sur le sentier à droite. Progresser tout droit. Sur le large chemin sous une ruine, tourner à gauche. Remonter vers Canac.

4 h
12 Km

930m
559m

Situation Canac, a l' Est-Nord-Est de Castres, 10 km après Murat-sur-Vèbre par la D 922 vers Saint-Gervais-sur-Mare, puis la D 162 (**PNR du Haut-Languedoc**)

Parking dans Canac

Balisage jaune

Difficulté particulière

■ ❶ à ❷ rude montée vers le plo
■ brouillard fréquent

Ne pas oublier

À voir

En chemin

■ crêtes et Plo de Canac (947 m) ■ ruines du château de Canac ■ panoramas sur les vallées du Rieu-Mates et du Dourdou ■ hameau de Catonières

Dans la région

■ circuit des statues menhirs et des ardoisières ■ lac du Laouzas ■ Boissezon-de-Masviel : tour ■ Murat-sur-Vèbre : église (14e)

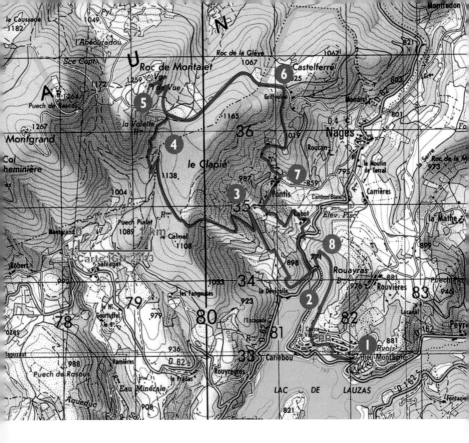

Le lac du Laouzas

*E*nchâssé dans l'écrin de monts verdoyants, le lac du Laouzas regorge de perches, truites, carpes et autres sandres… Un rêve pour pêcheurs ! Une belle réalisation d'ingénieurs… Ce plan d'eau artificiel fait partie d'une série de retenues EDF. Bâti sur le cours de la Vèbre, un affluent de l'Agoût, son barrage-voûte mesure 250 m de long, 50 m de haut, maintenant un volume de 45 millions de m^3 sur 320 hectares de superficie. Quand le lac est «plein»… Ses eaux sont en effet périodiquement aspirées dans 18 km de conduite souterraine, traversant les monts du Somail pour aboutir, 600 m d'altitude plus bas, à la centrale de Montahut et fabriquer annuellement 270 millions de kwh. Un rêve pour ingénieurs ? De la belle ouvrage pour pêcheurs.

Lac du Laouzas. *Photo CDT 81.*

Du Laouzas au Montalet

De Nages « aux rives » du Laouzas, le Montalet alimente souvent les conversations. Indicateur précieux sur les caprices du temps, « le Roc » affiche toujours son fort caractère montagnard, perché par dessus les landes rases et les hêtres tordus.

1 À la ferme de Rieu-Montagné, partir tout droit par le chemin sous le musée. Sur le goudron, avancer tout droit. À la patte d'oie, monter à droite ; 30 m après, tourner à gauche. Au croisement, traverser vers le chemin du Rouayras. Poursuivre tout droit. Aux deux pattes d'oie suivantes, prendre à gauche.

2 Sur le goudron, franchir le pont à droite. Traverser la D 62 et monter en face. À la première intersection, monter à droite. Sur le plat, progresser tout droit ; 80 m plus loin, tourner à droite.

3 Sur le goudron, virer en épingle à gauche. À la première intersection, aller tout droit. À la seconde, quitter le bitume pour le chemin à droite. Grimper jusqu'à la plate-forme du Besset, bifurquer à droite, puis monter le raidillon tout droit. Refermer le portillon ; 40 m après, aller à droite. Au croisement, poursuivre tout droit sur la piste. Au carrefour, choisir la première piste à droite. À la patte d'oie 200 m après, s'engager dans le chemin de gauche. Suivre ce chemin jusqu'à la route.

4 Sur la route, tourner à gauche ; 50 m plus loin, prendre le chemin sur la lande à droite. Aussitôt après, partir à gauche *(montée en zigzag abrupte)*.

5 Sur la plate-forme du Montalet, deux sentiers se présentent au choix à droite pour rejoindre le sommet. Revenir au point **4** par le même itinéraire.

6 Continuer sur la route en descendant. Laisser la piste de droite.

7 200 m après, bifurquer sur le chemin à droite. Avancer tout droit. À la patte d'oie, descendre à droite. Passer sous la ruine de Proubencous. Contourner la stabulation à main gauche. Après le dernier bâtiment, tourner à droite.

8 Sur la route, prendre à droite. Traverser Pontis. Descendre le premier chemin à gauche ; 100 m après, bifurquer à gauche. À Cabot, virer à droite. Sur la D 62, tourner à droite pour rejoindre le pont **2** et le trajet aller.

6 h
19 Km

1259m
575m

Situation Nages, à 15 km Sud-Est de Lacaune par la D 622 (**PNR du Haut-Languedoc**)

 Parking place de Rieu-Montagné, près du musée

 Balisage jaune

 Difficulté particulière

■ brouillard fréquent
■ montée abrupte au roc de Montalet

Ne pas oublier

À voir

En chemin

■ lac du Laouzas : base de loisirs, musée des Arts et Traditions populaires de Rieu-Montagné ■ roc du Montalet (1 259 m) ■ landes d'altitude

Dans la région

■ circuit des statues menhirs et des ardoisières ■ église de Condomines ■ Nages ■ Lacaune : château de Calmels (18e), maison de la charcuterie, musée du vieux Lacaune, église (17e), fontaine des pisseurs (15e), filature Ramond (19e)

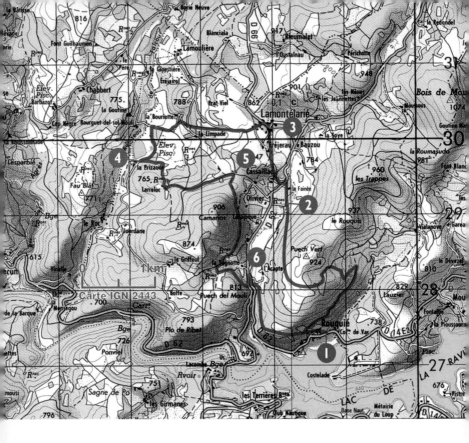

Une dame sédentaire

Ruisseau aux Sagnes. *Photo PU-CG 81.*

Les cours d'eau bondissants des monts de Lacaune nourrissent une réputation de parcours de pêche sportive dont la truite fario est généralement la proie. Fuselée telle un obus, les mâchoires puissantes, ce poisson nuance les couleurs de son corps en fonction du milieu. Dos brun foncé ou gris verdâtre selon qu'il nage en eaux sombres ou dans les courants plus ensoleillés, en granite ou en schiste. Ventre jaunâtre, il porte sur des flancs clairs de multiples petites taches rouges dont l'intensité fluctue. Pour se nourrir, la truite fario sort de ses repaires à des moments très variables, selon la saison et les apports de nourriture. Sédentaire, d'une cache favorite, elle écume un territoire de chasse bien déterminé. Alors, qui connaît l'adresse…

La balade monteliote

Assemblage de dômes couverts de hêtres ou de sapins et de vallons garnis de landes, le Haut-Agoût est un pays de « sagnes », combes humides et tourbières où des ruisseaux aux eaux limpides serpentent entre les Saules.

Situation Lamontelarié, à l'Est de Castres, à 22 km de Brassac par la D 62 (**PNR du Haut-Languedoc**)

❶ Du parking, prendre la D 62 par la gauche ; 10 m après, tourner à droite, puis prendre le chemin à gauche. Traverser Rouquié. Après la placette, monter le chemin à droite. À la patte d'oie, virer à droite. Sur la piste, partir à droite. Monter en laissant les voies de droite. Plus haut, bifurquer à gauche. Vers le sommet, dans l'intersection, prendre en face un passage étroit entre les résineux. Après le point de vue sur le lac, descendre jusqu'à une zone humide près du ruisseau.

Parking aire de loisirs de Rouquié du côté du lac direction La Salvetat

❷ Laisser le chemin de gauche pour un sentier le long du cours d'eau. Près de La Fainée, traverser la D 52 et monter la route en face avant de virer dans le premier chemin à droite. Passer devant l'église.

Balisage jaune

❸ Passer devant la mairie de Lamontélarié et remonter la rue principale. À la sortie, tourner à gauche direction Fréjeraud. Au croisement, continuer tout droit. Descendre le troisième chemin, à gauche. Ensuite, tout droit. Traverser deux fois une petite route. La troisième fois, tourner à gauche sur la route. À la patte d'oie sur la route, choisir à gauche. Passer devant la pisciculture de La Brizaude.

Ne pas oublier

❹ Monter le chemin, à gauche. Devant Sicardens *(ruines)*, s'engager sur le premier sentier à gauche. Zigzag en forêt. À Larreloc, virer à gauche sur goudron. À la patte d'oie, prendre le chemin à gauche. Continuer tout droit.

❺ Au croisement, partir à droite. Ensuite, tout droit. À la sortie de la forêt, prendre le chemin à gauche ; 40 m après, tourner à gauche.

En chemin

■ village de Lamontélarié
■ hameau de Sicardens
■ lac de la Raviège
■ zones humides (sagnes)

❻ Au carrefour routier, descendre direction La Salvetat-sur-Agoût. Laisser à gauche la voie d'accès à La Capte. A 100 m, s'engager sur une portion de route désaffectée puis dans un sentier grimpant dans le bois. Arrivé à un large chemin, bifurquer à droite et avancer tout droit. Descendre le premier chemin à droite et serrer sur la gauche. Au calvaire, poursuivre tout droit. À la patte d'oie, descendre à main droite vers Rouquié. Rejoindre le parking.

Molinie. *Dessin N.L.*

Dans la région

■ roc du Montalet (1259m)
■ lac du Laouzas : base de loisirs, musée des Arts et Traditions populaires de Rieu-Montagné ■ Brassac : châteaux et vieux pont (11e)
■ Lacaune : château de Calmels (18e), maison de la charcuterie, musée du vieux Lacaune, église (17e), fontaine des pisseurs (15e), filature Ramond (19e)

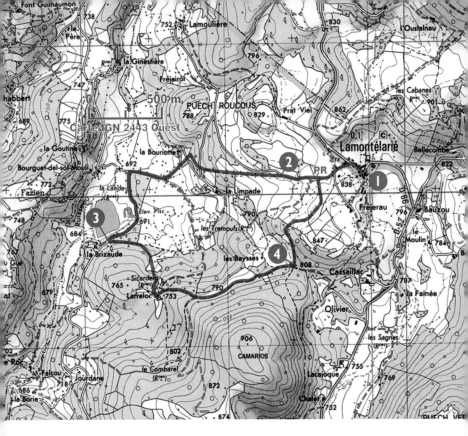

Les pierres se souviennent

Se faufiler parmi les ruines du hameau de Sicardens, c'est peut-être s'introduire en plein désarroi. Celui que savent exprimer les pierres, témoins longtemps vibrants des difficultés et des émois du lieu. Poser ses mains sur un mur écroulé, fermer les yeux, tendre les oreilles… Et l'on croise seize à dix-huit familles qui vivent là

Ruines de Sicardens. *Photo PU-CG 81.*

au milieu du 19e siècle dans des habitations aux toits de genêts et au sol battu. Ces familles sont pauvres et mendient aux alentours. Les hommes louent leurs bras. Ce sont les brassiers. En 1870, la pauvreté invite

le malheur à sa maigre table. Une épidémie de charbon extermine la population de Sicardens. Rares sont les survivants dont le dernier expire en 1902. Séquences de vie, souvenirs de pierres…

Sicardens

1 h 50
5,5 Km

830m
691m

Au détour du
sentier, sous
la voûte des
arbres, les
r u i n e s
d'une maison,
puis d'une autre…
Des ruelles encadrées de
murs moussus, les restes d'un
four à pain… Sicardens s'est endormi,
un jour. Mais quelle émouvante mémoire de la pierre !

Mésange noire.
Dessin P.R.

Situation Lamontélarié, à
l'Est de Castres, à 18 km
après Brassac par les D 62
et D 52 (**PNR du Haut-
Languedoc**)

Parking
devant la mairie

Balisage
jaune

❶ Du parking de la mairie, remonter la rue principale.
À la sortie, tourner à gauche direction Frejeraud.
Au croisement, continuer tout droit.

❷ Descendre le troisième chemin à gauche.
Poursuivre tout droit. Traverser deux fois une petite
route. À la troisième fois, partir à gauche sur le goudron.
À la première patte d'oie, aller à gauche. Longer la pisciculture de La Brizaude.

❸ Monter le chemin à gauche. Devant Sicardens
(ruines), s'engager sur le premier sentier à gauche.
Zigzag en forêt. À Larreloc, virer à gauche sur goudron.
À la patte d'oie, choisir le chemin à gauche et continuer
tout droit.

❹ Au croisement marqué d'un calvaire, tourner à
gauche, puis progresser toujours tout droit. Sur la route,
prendre à droite. Rejoindre la mairie

Sagne. *Photo PU-CG 81.*

À voir

**En
chemin**

■ hameau de Sicardens
■ hêtraies ■ zones humides
(sagnes) ■ village de
Lamontélarié

**Dans
la région**

■ roc du Montalet (1259m)
■ lac du Laouzas : base de
loisirs, musée des Arts et
Traditions populaires de
Rieu-Montagné ■ Brassac :
châteaux et vieux pont (11e)
■ Lacaune : château de
Calmels (18e), maison de la
charcuterie, musée du vieux
Lacaune, église (17e),
fontaine des pisseurs (15e),
filature Ramond (19e)

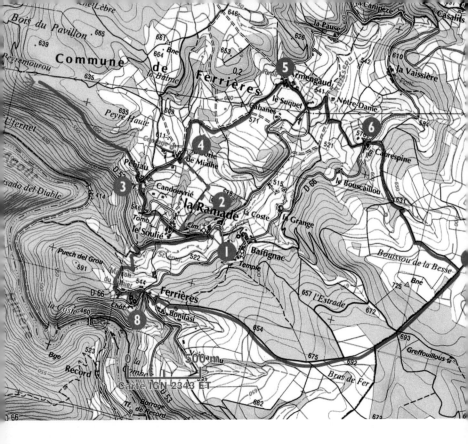

Tumulte religieux

La vallée du Gijou est profondément marquée par l'histoire du protestantisme dont le musée de Ferrières porte témoignage. Rien d'étonnant puisque Lacaune, ville en amont, se donne à la Réforme en 1551, devenant une citadelle du parti de Rohan jusqu'en 1631. Pour son triste sort, Vabre subit l'installation du quartier général des dragons durant les «dragonnades» qui endeuillent le pays. Un monument érigé au lieu-dit la Pierre Plantée commémore le souvenir du massacre des participants à une assemblée de Saint-Jean-del-Fresch (1689).

Au 16e siècle, Guillaume de Guilhot, seigneur de Ferrières et chef calviniste, fait du château une place du parti protestant. En punition, le château deviendra ensuite prison d'État puis sera vendu à la Révolution.

Peyremourou. *Photo PU-CG 81.*

Le Luthier

3 h 15
11 Km

722m
488m

Bastion granitique aux portes du pays Montanhol, le Sidobre de Ferrières porte en lui l'ardente histoire Huguenote. De cabanes en abreuvoirs et murets, les pierres racontent un Sidobre de jadis. À Peyremourou, il dresse ses rocs les plus sauvages.

Situation Ferrières, à 17 km à l'Est Nord-Est de Castres par les D 622 et D 66 (**PNR du Haut-Languedoc**)

P **Parking** à proximité de la mairie

Balisage jaune

❶ Partir de la mairie de Ferrières, au lieu-dit La Ramade. Monter la petite route à gauche de la Poste. Passer l'église.

▶ Variante courte vers **❹** *(8 km, 2 h 40)*: 50 m après l'église, gravir le sentier à droite. Monter en zigzag. Sur la crête, prendre à gauche.

❷ Continuer tout droit (délaisser le sentier de droite). Traverser la route. Une deuxième fois sur la route, prendre à gauche. Devant Pébiau, aller à gauche entre les premières maisons. À l'ancien abreuvoir, partir à gauche sur le sentier jusqu'à Peyremourou. Retour par le même itinéraire jusqu'au point **❸**.

Ne pas oublier

❸ À Pébiau, tourner à gauche vers La Borie de Mialhe.

À voir

❹ Au centre de La Borie de Mialhe, virer à droite, puis aussitôt à gauche entre deux maisons. Au goudron, continuer tout droit ; 150 m après, s'engager sur le chemin à gauche.

En chemin

■ la Peyre Haute et roc de Peyremourou ■ château de Ferrières (11e au 16e) ■ musée du Protestantisme en haut Languedoc (Maison du Luthier) ■ hameau d'Armengaud

❺ À Armengaud, passer sous le porche et tourner à droite ; 200 m plus loin, aller à gauche direction Le Suquet. Sous les maisons, avancer tout droit. En bas de descente, bifurquer à droite. En fond de vallon, aller à gauche ; 100 m après, franchir le ruisseau à droite. Monter le sentier.

❻ À Cabrespine, traverser la route. Sortir du hameau par la gauche. Continuer en montant le chemin principal.

Dans la région

■ plateau granitique du Sidobre : Peyro Clabado, lac du Merle, roc de l'Oie ■ Lacrouzette : fontaine romane du Théron, église Notre-Dame-du-Granit ■ Burlats : pavillon Adelaïde (13e), vestige de la collégiale romane (12e) ■ Maison du Sidobre (informations touristiques) à Vialavert

❼ Arrivé au chemin de crête, aller à droite. Au hangar, également à droite. Devant un gîte sur le goudron, prendre à gauche. Aussitôt, virer en épingle à droite sous le musée du Protestantisme.

❽ Traverser la route direction Mas de Prades. À la patte d'oie, 150 m après, choisir à droite. Traverser le ruisseau. Sur la route, s'engager à droite et rejoindre la mairie.

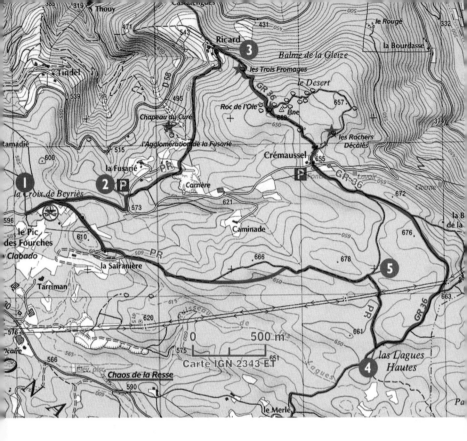

Le granite joue aux boules

L e Sidobre a subi une érosion dite «en boules». Un triple processus est à l'origine du chaos actuel constitué de rocs perchés ou tremblants, au noms significatifs (Trois Fromages, Roc de l'Oie…).

Première étape, en période de refroidissement du granite (ère secondaire): division de la roche en blocs. Deuxième étape, sous un climat tropical humide (ère tertiaire): altération du granite par une corrosion exercée de haut en bas dans un réseau de diaclases respectant les blocs de roche saine. Naissance des boules granitiques. Troisième étape: mise à jour des boules par l'érosion.

Les amoncellements pittoresques qui en découlent titillent l'imagination humaine.

Les trois Fromages.
Photo PU-CG 81.

Les rocs de Crémaussel

Genette.
Dessin P.R.

Édifices de rocs perchés dans les versants, torrents de pierre dévalant les ravins, énigmatiques sculptures de granite sous la voûte des arbres… Le Sidobre est espace de découverte… Au détour du sentier, au hasard d'une clairière et pour chacun au gré de son imaginaire…

1 Partir de l'aire de pique-nique de Beyries sur la petite route vers Crémaussel. À la première patte d'oie, prendre à gauche. À la deuxième patte d'oie, également à gauche, direction La Fuzayrié.

2 100 m plus loin, s'engager sur un large sentier forestier à droite. Franchir le ruisseau. Continuer tout droit jusque Ricard.

3 Virer à droite sur le GR® 36. Le sentier serpente dans un chaos rocheux. À Crémaussel, traverser la route pour une large piste. Poursuivre tout droit jusqu'aux Lagues-Hautes.

4 Au croisement, quitter le GR® en tournant à droite pour passer sous la ligne Haute-Tension.

5 Au croisement, prendre à gauche et progresser tout droit. À La Safranière, prendre la petite route en face qui ramène au point de départ.

Le roc de l'Oie. *Photo CDT 81.*

---

2 h 50
8,5 Km

673m
530m

Situation Lacrouzette, à 13 km au Nord-Est de Castres par les D 622, D 4 et D 58 **(PNR du Haut-Languedoc)**

Parking aire de Beyriès : à Lacrouzette, prendre direction Crémaussel, roc de l'Oie

Balisage

1 à **3** jaune
3 à **4** blanc-rouge
4 à **1** jaune

Ne pas oublier

À voir

En chemin

■ sites granitiques remarquables : roc de la Fuzayrié, Chapeau du Curé, les Trois Fromages, roc de l'Oie, site des Rochers décalés

Dans la région

■ plateau granitique du Sidobre : Peyro Clabado, lac du Merle ■ Lacrouzette : fontaine romane du Théron, église Notre-Dame du Granit ■ Burlats : pavillon Adélaïde (13e), vestige de la collégiale romane (12e) ■ Maison du Sidobre (informations touristiques) à Vialavert ■ cascade du Saut de la Truite

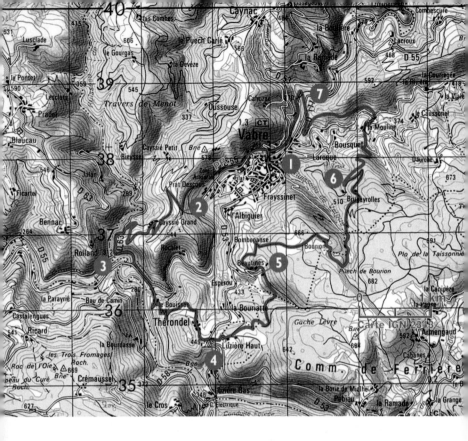

Trois vallées pour pêcher

Trois vallées, ce sont autant de lieux de pêche. Mais pour quel type de pêche ? Au coup ? Là, c'est la patience du taquineur assis sur son siège au-dessus d'un endroit précis. Au lancer ? Mis à part les pêches statiques comme le vif ou la plombée, le lancer est une pêche de mouvement. Contrairement au cas précédent, on va au-devant du poisson en pêchant le plus de coups possible. À la mouche ? Voici une technique de pêche auréolée : beaux gestes, agréables, harmonieux. Une façon de prendre du poisson à la frange de la poésie. Praticable ici ? Certainement mais sans trop en rajouter. Les riverains qui pêchent ainsi ne pratiquent que lorsque cela devient «rentable» : au printemps ou en été.

L'Agoût. *Photo DR-CG 81.*

Les Trois Vallées

Au carrefour des trois vallées de l'Agoût, du Gijou et du ruisseau de l'Usclade viennent se confronter les terres du Sidobre, du Montredonnais et des monts de Lacaune.

5 h
18 Km

649m / 368m

Situation Vabre, à 30 km au Nord-Est de Castres par la D 55 (**PNR du Haut-Languedoc**)

Parking devant la mairie

Balisage jaune

Ne pas oublier

❶ Franchir le pont et tourner à gauche direction Roquecourbe. À la patte d'oie, tourner à droite rue de Suppliant. À la fourche, aller à droite. Continuer tout droit.

❷ Au croisement en crête, effectuer un droite-gauche et descendre ; 300 m après au croisement, tourner à gauche. Au croisement devant Cayssié-Grand, aller à droite. Poursuivre tout droit. Sur la route, prendre à gauche.

❸ Au stop, s'engager à gauche sur la D 55 *(balisage GR® sur 500 m)*. À la première patte d'oie, aller tout droit *(balisage jaune)*. À la deuxième patte d'oie, prendre à droite. Franchir le pont, puis monter au Bouissas. Entre les maisons, filer tout droit. Traverser Thérondel.

❹ Au carrefour, monter en face direction Luzière-Haut. À la sortie, prendre le deuxième chemin à gauche. Au croisement, partir à droite, puis tout droit ; 80 m après, virer à gauche. Continuer tout droit. À la première patte d'oie, à droite. À la deuxième patte d'oie 10 m plus loin, partir à gauche. Ensuite tout droit.

❺ À l'entrée de Beautines, avancer à gauche, longer les bâtiments, puis monter à droite entre deux murets. Aux dernières maisons, prendre la route à gauche ; 60 m après, s'engager sur le chemin à droite. Poursuivre tout droit. Au croisement en haut de côte, tourner à gauche. À la patte d'oie, tourner à droite, puis monter tout droit. À la première intersection avec une piste, choisir à gauche. À la deuxième intersection, aller à droite. Traverser Bourion. Descendre une petite route ; 250 m après Renne, prendre le large chemin à droite. À l'intersection avec une piste, descendre à main gauche.

❻ *Attention !* 200 m avant Brugayrolles, virer en épingle à droite sur un chemin herbeux. Descendre en zigzag. Sur la route, tourner à gauche ; 40 m après, virer à droite. Faire de même sur la route. Traverser le hameau de La Mouline. Dans le Z en montée, aller sur le deuxième chemin à droite ; 30 m plus loin, traverser la route. À la patte d'oie, tourner à droite. Refermer la barrière. À l'intersection d'un sentier, aller à gauche. Descendre du lotissement de Salès jusqu'à la D 55.

❼ Traverser la D 55 vers un chemin en face. Au croisement, tourner à gauche sur le pont. Continuer tout droit jusqu'à la piscine. Monter la route à droite et rejoindre le pont.

À voir

En chemin

■ Vabre : vieilles maisons (16e et 17e), pont vieux médiéval, vieux beffroi ■ panoramas ■ sites des trois viaducs ■ ancienne voie ferrée

Dans la région

■ vallées de l'Agoût et du Gijou ■ Ferrières : château de Ferrières (11e au 16e), musée du Protestantisme en haut Languedoc ■ Montredon-Labessonnié : ruines du château de Montredon ■ château de Castelfranc : observatoire (17e) ■ plateau granitique du Sidobre

Le Rampaillou

Sur les hauteurs entre Rialet et Boissezon, les pèlerins engagés sur le chemin d'Arles voyaient enfin s'étaler à leurs pieds la plaine d'Aquitaine…

① À la Poste, monter rue de la Salette. Descendre la première route à droite. Devant la D 93, monter à gauche direction Sarrette. À la première patte d'oie, tourner à droite. À la deuxième patte d'oie, poursuivre tout droit. Passer devant Sarrette. Quitter le goudron ; 50 m après, continuer tout droit. Toujours tout droit. À la patte d'oie en côte, partir à gauche. Ensuite, tout droit.

② Sur la route devant le Puech du Fau, tourner à gauche. 100 m après, continuer tout droit sur une large piste.

③ Monter en épingle sur une large piste, à droite. Traverser Sarméger. Sur le goudron, aller tout droit.

④ Au croisement de la D 61, descendre en face, puis prendre à gauche dans le bois. Aux carrefours en sous-bois, prendre tout droit au premier, puis à droite au second. S'éloigner du barrage en montant à gauche le chemin principal. Suivre vers la gauche la large piste. Descendre un chemin creux sur la gauche.

⑤ À La Peyrarque-Haute, tourner à droite au-dessus du hameau. 150 m plus loin, partir à droite. À la patte d'oie, prendre à gauche.

⑥ À la patte d'oie (713 m), s'engager à droite sur le GR® 36. 20 m après, tourner à gauche. Sur la D 53, virer à droite.

⑦ Au premier virage après, descendre à gauche direction Le Record. Dans le virage en bas de côte, prendre le sentier à gauche. Sur le goudron, tourner à droite. Au stop, aller à droite vers Le Linas. Au Rialet, virer à gauche sur la D 61 direction Castres.

⑧ 700 m après, s'engager sur le premier chemin à droite *(GR® 36)*. 50 m plus loin, tourner à gauche ; 20 m après, encore à gauche. Sur la piste, aller à droite.

⑨ Virer en épingle à gauche *(GR® 653)* ; 130 m plus bas, encore à gauche. À la grande patte d'oie, partir à droite. Devant la route, choisir la piste à droite ; 20 m après, avancer tout droit entre haie et prairie. Suivre le chemin de crête. À l'intersection, descendre à gauche. Arrivé sur une large piste, prendre à gauche. À la route, tourner à gauche direction Le Couderc. Au Couderc, continuer tout droit. Aux deux croisements derrière Fonfage, descendre à gauche. Au-dessus de la filature, descendre droit vers le village.

6 h 15 **23 Km**

715m / 330m

Situation Boissezon, à 10 km à l'Est de Castres par la N 112 et la D 93 **(PNR du Haut-Languedoc)**

Parking place de la mairie

Balisage

① à ⑥ jaune
⑥ à ⑦ blanc-rouge
⑦ à ⑧ jaune
⑧ à ① blanc-rouge

Ne pas oublier

À voir

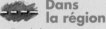
En chemin

■ village de Boissezon : remparts, terrasses
■ Le Rialet ■ lac du Pas des Bêtes ■ espaces forestiers

Dans la région

■ vallée de la Durencuse
■ gorges du Banquet
■ lac du Pas des Bêtes
■ Saint-Salvi-de-la-Balme : chaos de la Balme, rocher de l'Enclume ■ plateau granitique du Sidobre : Peyro Clabado, lac du Merle, roc de l'Oie

Le premier topo-guide mondial

*É*galement appelé *Codex Calixtinus* en raison de sa préface par le pape Calixte II, le *Liber Sancti Jacobi* constitue l'un des plus anciens témoignages du culte rendu à l'apôtre Jacques-le-Majeur durant le Moyen Âge. Il s'agit d'une compilation de cinq livres, dont l'original daté vers 1139 est conservé à Saint-Jacques-de-Compostelle, soit :
- un recueil d'offices, sermons et odes,
- l'écrit des miracles attribués à saint Jacques-le-Majeur,
- le récit de l'évangélisation de la Galice par l'apôtre et celui de son martyre,
- une chanson de geste de Charlemagne et Roland,
- le guide du pèlerin.

Cinquième des livres, le guide du pèlerin est attribué à Aimery Picaud, clerc poitevin contemporain du 12e siècle. Onze chapitres proposent une mine d'informations à qui entend effectuer dans de bonnes conditions un fructueux pèlerinage à Saint-Jacques-de-Compostelle.
Les quatre routes françaises (Paris, Vezelay, Le Puy et Arles) et l'itinéraire espagnol (camino francès) font l'objet des sept premiers chapitres : histoire et géographie des villes et régions

sillonnées, description de lieux… Aimery Picaud s'intéresse minutieusement aux populations, principalement en regard de leurs attitude et capacité d'accueil vis-à-vis des pèlerins. Langues parlées, usages et même alimentation sont répertoriés !
Le huitième chapitre investigue la part religieuse du voyage. Un répertoire des lieux de dévotion rencontrés sur les itinéraires : sanctuaires et reliques notamment. La vie d'un saint est souvent évoquée, avec les grâces susceptibles d'être obtenues par son intercession.
Terme du périple, la cité de Saint-Jacques-de-Compostelle compose le sujet central des trois derniers chapitres. L'accueil à réserver aux pèlerins s'y taille bonne part.
Dans ce guide, les points de départ de Paris, Vézelay, Le Puy et Arles sont considérés comme des points de regroupement, eux-mêmes lieux de dévotion débuts d'un long cheminement spirituel. Avec certes des hauts et des bas en terme de fréquentation, rien n'a démenti Aimery Picaud en bientôt neuf siècles.

Pèlerin. *Dessin P.R.*

Sur les hauteurs de Boissezon. *Photo PU-CG 81.*

Que d'arbres !

Le recul de l'agriculture et, notamment, des systèmes agro-pastoraux a engendré une vague massive et intensive de plantation de résineux sur le plateau d'Anglès, dans les années 60 et à l'exemple de toute la montagne tarnaise. Recouvrant l'espace, la forêt s'est développée sur les amples collines. Elle s'insinue jusque dans les vallons les plus étriqués. Enserrés dans l'habillement sylvicole, les espaces ouverts constituent un réseau de clairières autour des bourgs et de hameaux retirés. C'est Anglès qui maintient prairies et cultures autour

Pâturages. *Photo PU-CG 81.*

de ses habitations.

Sur un plateau où la spécialisation forestière est la plus sensible dans les paysages, les amateurs d'isolement sont comblés.

Le plateau d'Anglès

Corridors de clairières pâturées ouvertes dans le manteau des forêts ; fermes massives aux lisières, Hêtres superbes en futaies ou au bord des chemins ; et partout, la masse compacte des Epicéas... Le plateau d'Anglès affirme son caractère montagnard...

Situation Anglès, à 30 km à l'Est de Castres par les D 622, D 30, D 53 et D 68 (**PNR du Haut-Languedoc**)

Parking devant le Syndicat d'Initiative

Balisage jaune

Ne pas oublier

❶ Devant le Syndicat d'Initiative, prendre le chemin de Cabirac à gauche. Aux gîtes de Cabirac, traverser la piste à l'arrière des habitations. Au Touys, s'engager sur la piste forestière à gauche. Avancer tout droit entre deux forêts. À la sortie, longer la piste de gauche.

❷ Aux Menous, passée la première habitation, avancer à gauche, puis prendre un sentier sur la droite. Emprunter la route vers la droite. À la patte d'oie, prendre à droite. Suivre le goudron sur 1,1 km environ (avant le point coté 787).

❸ Choisir le chemin à gauche. Au premier virage à l'entrée des Girmanes, prendre aussitôt à gauche.

❹ À l'épingle dans le bois, laisser la piste principale pour un droite-gauche vers le lac de la Ravière. Sur la D 52, aller à droite ; 500 m plus loin, prendre à droite, puis à gauche vers Les Terrières-Hautes. Continuer tout droit.

❺ Devant les Crouzettes, prendre à droite jusqu'à la D 68. La traverser. Poursuivre tout droit. Au croisement de Lautié, quitter le goudron. Partir en face sur 250 m de piste.

❻ Au croisement, choisir la piste à droite. Sur la route, partir à gauche. À la patte d'oie, prendre à droite. Traverser la D 68. Devant l'église de la Souque, aller à gauche, puis à droite. Descendre, franchir le ruisseau et tourner à droite ; 10 m après, s'engager sur le sentier à gauche. Sur la route, prendre à gauche. À la sortie de Pradou, quitter la route à droite. Descendre tout droit. À la patte d'oie devant le moulin de Corbière, aller à droite. Sur la route, à gauche. Dépasser de 20 m une vieille maison perchée sur le talus à gauche.

❼ Grimper le talus de droite. Déboucher dans un pré. Avancer tout droit vers le bois, en face. Continuer tout droit direction La Grifoulade. Ne pas rejoindre la route. 30 m devant, bifurquer à droite vers Pieffarat. Se laisser conduire à Anglès par la petite route.

À voir

En chemin

■ Anglès : village fortifié (13e), église (fin 17e), porte dite « du Midi » ■ panoramas sur le massif de Somail et le lac de la Ravière ■ nombreuses croix, parfois insolites, à formes et ornements divers ■ parcours de découverte à La Ravière (zones humides) ■ La Souque : église Saint-Martin, moulin de Corbières

Dans la région

■ lac de la Ravière : plage aménagée, moto-nautisme, ski-nautique, voile, pêche ■ lac des Saint-Peyres : pêche et aire de détente ■ plateau granitique du Sidobre : Peyro Clabado, lac du Merle, roc de l'Oie ■ gorges du Banquet

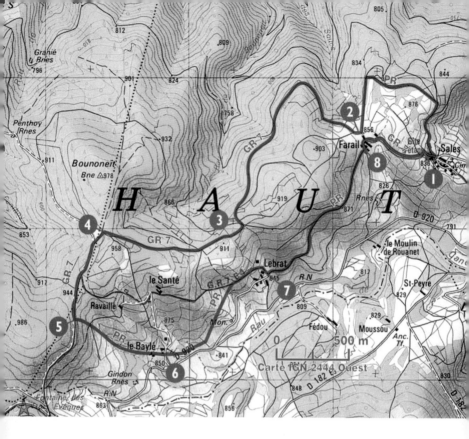

Un hêtre extra-ordinaire

Hêtraie. *Photo DR-CG 81.*

Le hêtre, arbre le plus commun de nos forêts ? Commun peut-être mais pas ordinaire… Son tronc lisse de couleur gris-argent est marqueté de lichens et ses nombreuses feuilles sont vertes et brillantes. Ses faînes quadrilobées s'ouvrent à maturité pour délivrer chacune un akène triangulaire, fruit pour la reproduction, également délice des écureuils, chevreuils et autres geais.

Côté vocation économique, son bois se prête très bien au tournage et a été manipulé de tous temps pour fabriquer des sièges. C'est l'ossature de notre fauteuil, le squelette de notre canapé….
L'ameublement actuel, simplificateur, l'utilise chaque jour davantage. Et il est considéré de loin comme le meilleur bois de chauffage, bien avant le chêne.

Clairières de Sales

Fiche pratique 33

Dominant la vallée du Thoré, le petit plateau de Sales rassemble un chapelet de clairières, mariage de prairies, combes humides et bois. Bâtisses de schistes et d'ardoises, alignements de hêtres majestueux, ambiance montagnarde garantie.

Hêtre.
Dessin N.L.

2 h 50
8,5 Km

940m
836m

Situation Sales, à 9 km au Sud de Lacabarède : accès par la D 88 à partir d'Albine **(PNR du Haut-Languedoc)**

Parking centre du hameau de Sales

Balisage

1 à 2 jaune
2 à 5 blanc-rouge
5 à 8 jaune
8 à 1 blanc-rouge

Ne pas oublier

❶ Face au calvaire du croisement central de Sales, partir à droite direction Farail ; 30 m après, prendre le chemin à droite. À la première patte d'oie, continuer tout droit. À la deuxième, tourner à gauche. À la troisième, descendre à droite. Au croisement, progresser tout droit ; 20 m plus loin, bifurquer à gauche.

❷ Devant Farail, tourner à droite *(GR® 7)*. Sur la piste, aller tout droit. À la patte d'oie, monter à gauche. Au croisement, avancer tout droit.

❸ À la large patte d'oie, poursuivre à droite. À la patte d'oie suivante, quitter la piste pour le chemin montant à gauche.

❹ Virer en épingle à gauche pour prendre la large piste.

❺ Abandonner la piste et le GR® pour monter à gauche un chemin herbeux en lisière. Descendre tout droit. Au carrefour, poursuivre tout droit dans le chemin creux.

❻ Au Baylé, tourner à gauche ; 100 m plus loin, quitter le large chemin dans son premier virage pour reprendre un chemin creux à main droite. Ensuite, avancer toujours tout droit.

❼ Devant la première maison de Lebrat, tourner à gauche ; 50 m plus bas, virer deux fois à gauche. Au débouché sur un large chemin, aller à droite. Traverser Farail.

❽ Continuer sur le goudron pour rejoindre Sales *(GR® 7)*.

Près de Sales. *Photo PU-CG 81.*

À voir

En chemin

■ hêtraies ■ hameau de Sales ■ panoramas
■ architecture de montagne
■ fontaine des Trois Évêques (jonction des départements du Tarn, Aude et Hérault, à 700 m de ❺)

Dans la région

■ Labastide-Rouairoux : vallée du Thoré, dolmen de la Ganthe, musée départemental du Textile
■ Saint-Amans-Soult : tour du 13e, hôtel de ville (15e), tombeau du Maréchal Soult, parc et château de Soult-Berg ■ Albine : village et plan d'eau

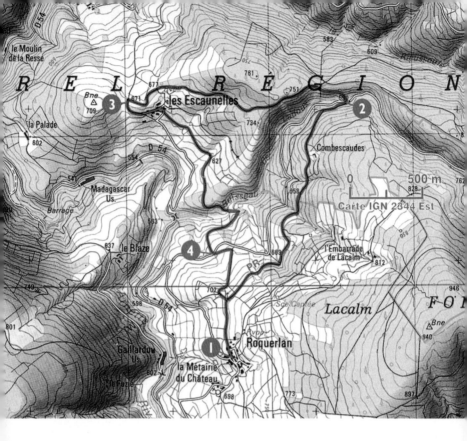

Hauts contrastes

À la fin du 19e siècle, l'âge d'or du délainage transforme l'étroite vallée de l'Arnette en un couloir animé et industrieux, une succession de fabriques donnant son caractère à la «route des usines»… Pendant des années, agriculture et industrie ont fait bon ménage mais ont dû céder peu à peu le pas à la forêt. En montant plus haut, vers les pâturages, une autre ambiance, verte et aérée, que l'on aborde la poitrine offerte aux vents, l'œil réjoui par les horizons et la tête près du ciel, nous reçoit.

Les espaces de Roquerlan, bêlants ou meuglants, intimement forestiers ou largement herbeux, aux bâtis fonctionnels polis par le temps, traduisent avec douceur cette poésie pastorale qu'exprime (ou distille) subtilement le charme paysan des hauteurs.

Pâturage. *Photo PU-CG 81.*

Les Escaunelles

Ici, la marée verte des épicéas semble s'être brisée aux lisières d'une clairière pastorale, dessinée de haies d'aubépine et de houx, abris pour les troupeaux. Une agriculture de montagne dynamique perpétue des paysages de tradition...

Aubépine.
Dessin N.L.

2 h 20
7 Km

750m
600m

Situation Roquerlan, à 10 km au Sud-Est de Mazamet par la D 54 (**PNR du Haut-Languedoc**)

Parking dans Roquerlan

Balisage jaune

Ne pas oublier

À voir

❶ De la placette centrale de Roquerlan, partir en direction du parking ; 20 m plus loin, laisser cette direction à droite et aller tout droit. Au bout de 20 m, la rue devient chemin. Au calvaire, choisir à droite. Poursuivre tout droit. À la patte d'oie dans la descente, aller en face et continuer tout droit. Passer sous Combescaudes. Sur la piste, descendre tout droit.

❷ Traverser la route et franchir le ruisseau, en face. Au carrefour en haut de côte, tourner à gauche. Au croisement, avancer tout droit. Descendre droit en longeant un pré.

❸ À l'intersection, prendre à gauche. Entrer dans Les Escaunelles et traverser le hameau tout droit. À la patte d'oie, choisir à droite ; 10 m après, dans le virage, s'engager sur le chemin en face. Traverser le vallon. Monter par la droite.

❹ Traverser la route. À la patte d'oie, tourner à droite. Progresser tout droit. Au calvaire, aller à droite pour revenir à Roquerlan.

Au-dessus de Roquerlan. *Photo PU-CG 81.*

En chemin

■ village et église de Roquerlan ■ panoramas ■ bergeries

Dans la région

■ village médiéval d'Hautpoul (ancien refuge cathare) : vestige du château et menhir des Prats, musée du Bois et du Jouet ■ pic de Nore (1210m) : relais de télévision et table d'orientation ■ lac des Montagnès (aire de pique-nique et baignade surveillée, jeux pour enfants)
■ Mazamet : maison Fuzier (mémoire de la Terre), industries de délainage et du cuir (vallée de l'Arnette), temple Saint-Jacques (16e), église Saint-Sauveur (18e), église Notre-Dame (19e), maison des Mémoires
■ Aussillon : village médiéval (porte, reste de remparts, vieilles maisons)

Le Carbonéral

Aux espaces bocagers de Labruguière, succède rapidement le domaine de la forêt. Blotti sous le couvert des chênes, châtaigniers, sapins et épicéas ou en balcon sur de splendides panoramas, le sentier escalade la Montagne Noire jusqu'à l'étang du Carbonéral.

5h15
21 Km

600m
205m

Situation Labruguière, à 9 km au Sud de Castres par la D 56 **(PNR du Haut-Languedoc)**

 Parking domaine d'En Laure

Balisage jaune

❶ Du parking du domaine d'En Laure, partir vers le plan d'eau et prendre à droite. Devant le pont, à gauche le long du ruisseau. Franchir la passerelle suspendue, à droite. Continuer tout droit. Au transformateur, s'engager à gauche sur le chemin.

 Difficulté particulière

■ descente dangereuse à VTT à ❻

❷ Aux Auriols, traverser la route. Devant Les Margaridous, tourner à gauche derrière le stock de bois. Sur la route, virer à droite. À la sortie du hameau, partir à gauche.

Ne pas oublier

❸ Traverser la D 60, direction Les Cadets. Aux maisons, prendre à droite, puis, plus haut, vers Les Grangeols. Plus loin, laisser le chemin de gauche qui descend à ce hameau. La piste s'élève dans la forêt. Déboucher sur la D 56.

❹ Tourner à droite ; 15 m après, virer sur le chemin de gauche. Monter droit jusqu'à une large piste carrossable. Prendre à gauche, longer les ruines de Pen Fabre *(ancienne maison forestière)*. Au large carrefour de pistes, descendre à gauche direction « DFCI ». Passer en contrebas de la retenue d'eau du Carbonéral. À la bifurcation suivante, prendre à gauche.

 À voir

En chemin

■ plan d'eau du Carbonéral ■ panoramas ■ base de loisirs d'En Laure ■ Labruguière : ville ronde, maisons à colombage, château et halles (17e), église-clocher (14e), musée Arthur Batut

❺ Arrivé à une large piste (Le Verdet, 590 m), continuer à descendre en laissant deux pistes à droite. Au lieu-dit Le Col (535 m), partir à droite. Prendre à gauche au premier croisement, puis tout droit aux deux suivants. Plus bas, descendre par la gauche. À La Roque, devant la route, plonger dans le chemin creux à droite.

❻ Descendre jusqu'à la D53. L'emprunter à gauche.

Dans la région

■ lac des Montagnès ■ Mazamet : maison Fuzier (mémoire de la Terre), industries de délainage et du cuir (vallée de l'Arnette), maison des Mémoires ■ monument ossuaire de Fontbruno

❼ En sortie de courbe à gauche, s'engager sur le chemin de droite. À Saint-Félix, choisir le chemin creux, en face. Sur la route, prendre à gauche. Ensuite à gauche, avenue d'En-Thibaut. Au feu tricolore, traverser la rue Albert-Camus. Tourner à gauche, rue Édouard-Manet, puis à droite, rue Odilon-Redon. Au bout, glisser sur le chemin de gauche. Devant le plan d'eau, virer à droite vers le parking.

Dense Montagne Noire

*L*orsque le vent d'Autan (que l'on appelle familièrement le Marin) remonte et balaie la plaine du Languedoc, il bute infailliblement contre une sombre barrière montagneuse dont le nom est sans ambiguïté. La Montagne Noire, moyenne montagne dont le sommet (pic de Nore) culmine à 1 211 m d'altitude, ombreux et dense massif forestier, constitue en effet un obstacle physique et climatique entre les zones atlantique et méditerranéenne.

Les lourds nuages véhiculés par l'Autan s'effrangent sur les crêtes de cette terminaison sud du Massif Central. La Montagne Noire s'impose souvent en toile de fond des paysages tarnais visibles en direction du sud.

Des vallées étroites et escarpées y donnent accès. De petits causses ouvrent les premières hauteurs pour quelques regards vers la plaine. Ensuite, c'est la forêt, indifféremment composée de résineux et de feuillus. Profonde et dense, elle noie et engloutit le relief. Le moelleux des sommets est composite : landes, forêts et prairies se partagent la rencontre avec le ciel.

Lac du Carbonéral. *Photo PU-CG 81.*

Montagne Noire. *Photo PU-CG 81.*

Traces discrètes

*L*a vision du bûcheron maniant la tronçonneuse à toute période de l'année n'est que d'aujourd'hui où la dictature économique conduit l'homme à se comporter avec indifférence. Fi désormais du rythme saisonnier, des montées et des descentes de sève…

Autres temps, autres images. Sous les couverts de la Montagne Noire, autrefois, le même homme a su négocier un mariage de raison avec la forêt. Épousailles des charbonniers, des forgerons et des verriers notamment. Puis vie commune nourrie de concessions intelligentes et réci-

proques, à la cadence des printemps et des automnes, de la cognée et du passe-partout, des charrois et des hennissements.

Comme discrets devant la vie, charbonniers, forgerons et verriers de la Montagne Noire ont laissé peu de traces. La fumée des meules à charbon de bois s'est dissipée. Débris de verre, scories, mur ruiné et ancien barrage témoignent avec mesure d'intenses et conviviales activités. En 1826, une forge fonctionnait à la Prise d'Alzeau. Maintenant, l'épicéa étend son ombre.

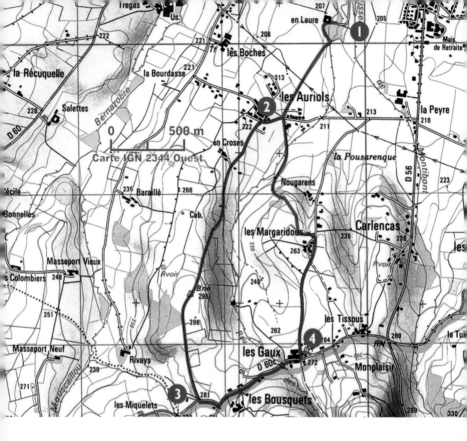

Tendres et précieuses mésanges

Mésanges charbonnière, bleue ou nonnette, tendres passereaux… Gentils et précieux habitants de nos haies… Par exemple la mésange charbonnière, la plus répandue : elle niche deux fois l'an, en milieu de printemps puis au début de l'été, et nourrit ses huit à dix oisillons environ 500 fois par jour. Jusqu'à 800 fois, avant leur envol ! Quelle énergie chez des oiseaux pesant seulement quelques grammes ! Quels auxiliaires merveilleux et gratuits pour les jardins : ce petit monde mange essentiellement des chenilles, des larves et des insectes !

Nos mésanges ne migrent pas en hiver. Elles hivernent là où elles nidifient, se rapprochant des maisons, cherchant des nichoirs, guettant le suif ou la graisse qu'on veut bien leur donner.

Mésange bleue. *Photo Christian Aussaguel, LPO Tarn.*

Sentier des Gaux

Fauvette à tête noire.
Dessin P.R.

Aux portes de la ville ronde, de vieux chemins creux rejoignent le hameau des Gaux pour une promenade-découverte dans un décor de haies champêtres et de chants d'oiseaux. En toile de fond, le grand versant boisé de la Montagne.

❶ Du parking du domaine d'En Laure, partir sur l'allée en direction de l'étang. Devant une large passerelle, aller à gauche entre l'étang et le ruisseau. Longer le ruisseau. Au bout de l'étang, franchir le ruisseau à droite sur une étroite passerelle suspendue. Traverser les prairies toujours tout droit. À la patte d'oie devant un petit transformateur blanc, s'engager sur un chemin creux par la gauche.

❷ Aux Auriols, tourner à droite sur la route. À la patte d'oie, prendre à gauche direction En Croses. Poursuivre tout droit. Dans le virage à main droite, s'engager sur le large chemin en face. À la patte d'oie, monter tout droit. À la patte d'oie sur une piste, partir à gauche, puis descendre tout droit.

❸ Prendre la D 60 à gauche. Traverser Les Bousquets.

❹ Aux Gaux, après la placette, virer à angle droit à gauche sur la rue en contrebas (panneau d'interdiction aux véhicules de plus de 10 tonnes). Passer devant l'église. Avancer tout droit sur une petite route. À l'entrée des Margaridous, continuer tout droit. À la sortie du hameau, bifurquer à gauche ; 40 m après, prendre le chemin en face longeant un dépôt de bois. À la fin du dépôt de bois, virer à droite. Aller jusqu'aux Auriols. Là, reprendre le parcours en sens inverse à partir du point **❷**.

La Montagne Noire. *Photo DR-CG 81.*

---

2 h 20
7 Km

298m
205m

Situation Labruguière, à 9 km au sud de Castres par la D 56 (**PNR du Haut-Languedoc**)

Parking parking d'En Laure

Balisage jaune

Ne pas oublier

À voir

En chemin

■ hameau des Gaux
■ sentier d'interprétation
■ Labruguière : ville ronde, maisons à colombage, château et halles (17e), église-clocher (14e), musée Arthur Batut

Dans la région

■ lac des Montagnès
■ Mazamet : maison Fuzier (mémoire de la Terre), industries de délainage et du cuir (vallée de l'Arnette), maison des Mémoires
■ Caucalières : chapelle romane de Vanguinon, causse ■ Les Escoussens : ancien oppidum romain, ancien château (renaissance)
■ Aiguefonde : château (16e - 18e) ■ Castres : maisons médiévales à encorbellement sur l'Agoût, musée Goya, centre national Jean Jaurès, évêché et jardin, centre de loisirs de Gourjade

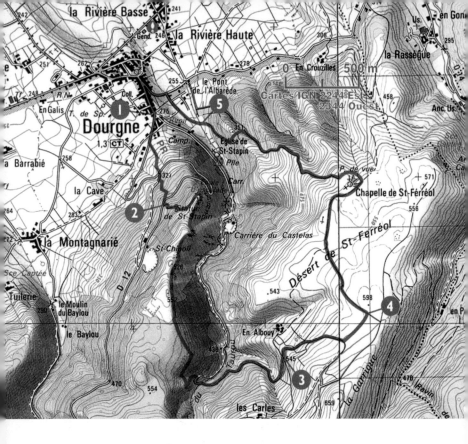

Originales origines

Abbaye d'En Calcat. *Photo DR-CG 81.*

*L'*histoire de quatre saints (Macaire, Ferréol, Hippolyte et Stapin) ayant vécu sur le pourtour de Dourgne, combinaison de cultes païens et chrétiens revisités par la catholicité, nourrit une ferveur popu-laire au germe naturel et contingent. Les moines béné-dictins qui, en 1890, fondè-rent l'abbaye d'En-Calcat n'y ont pas été insensibles, transformant la source de Mouniès, liée au culte de saint Macaire, en source des Moines afin de pouvoir pré-tendre à d'aléatoires origines monastiques locales vouées à saint Stapin.

La réputation de l'abbaye d'En-Calcat devenue centre intellec-tuel et artistique doit sans doute davantage aux ascendants religieux de son fondateur, Romain Banquet, enfant de Dourgne, moine à l'abbaye morvandelle de la Pierre-qui-Vire.

La Capelette de Saint-Ferréol

La Montagne Noire cache des reliefs tourmentés de promontoires aériens en gorges escarpées. Les pelouses sèches du désert de Saint-Férréol où veille la capelette offrent un formidable belvédère sur la plaine de Dourgne et ses abbayes.

Tarier pâtre.
Dessin P.R.

① Prendre la route d'Arfons. 100 m après la sortie de Dourgne, s'engager à gauche dans un chemin creux face à un garage. Traverser la route (D 12) ; 80 m après, franchir un fossé sur la gauche (ponton de bois). Monter un sentier *(propriété privée)*.

② Traverser la D 12 pour un large chemin direction «point de vue de Saint-Stapin». À hauteur de la statue (70 m à gauche), partir à droite sur la crête. Après le site de Saint-Chipoli, descendre tout droit. À l'orée du bois, virer en épingle à gauche. Au fond du vallon, virer en épingle à droite. Monter le large chemin.

③ Sur la route d'En Albouy, poursuivre tout droit. Dans le large fer à cheval à main droite, bifurquer à gauche sur un sentier.

④ Au croisement, tourner à gauche et refermer le portillon. Avancer tout droit jusqu'à la chapelle de Saint-Ferréol ; 20 m devant l'édifice, plonger dans le chemin à gauche.

⑤ Arrivé au bord du ruisseau, laisser le sentier de droite et franchir le Taurou. La deuxième voie à gauche monte droit vers l'église de Dourgne. Prendre l'avenue du Maquis, à gauche.

Le désert de Saint-Ferréol vu de la plaine. Photo CDT 81.

---

2 h 50
8,5 Km
570m
265m

Situation Dourgne, à 18 km au Sud-Ouest de Castres par la D 85 (**PNR du Haut-Languedoc**)

Parking sortie de Dourgne, route d'Arfons

Balisage jaune

Ne pas oublier

À voir

En chemin

■ Dourgne : maisons à arcades (16e), fontaine, église (15e et 17e) ■ statue et église de Saint Stapin ■ site de Saint-Chipoli ■ chapelle et plateau de Saint-Ferréol ■ gorges du Taurou

Dans la région

■ En Calcat : abbaye Saint-Benoît, couvent Sainte-Scholastique ■ tunnel des Cammazes, rigole de la Montagne Noire (canal du Midi) ■ Sorèze : village médiéval, abbaye, école ■ Durfort : artisanat du cuivre, cascade de Malamort, musée du cuivre ■ Viviers-les-Montagnès : château et église ■ lac de Saint-Ferréol : baignade, plage, voile, pêche, tennis

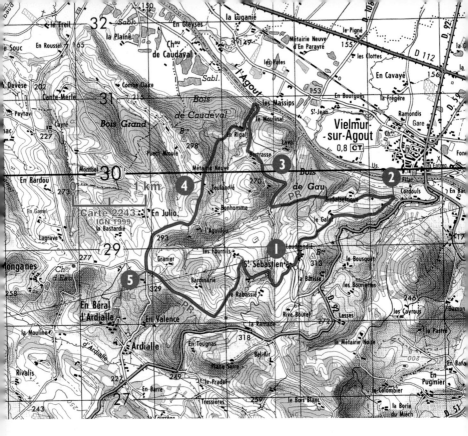

Opulence marchande

*T*raduisez Puylaurens en Puè-glaurenç et, déjà, vous respirez occitan. Chaque mercredi matin, cette bourgade historique de la Cocagne respire et parle haut l'occi-tan. Ce sont les heures du plus important marché régional.

Là, paysans de la Cocagne et du Lauragais gesticulent à l'estime, se tempèrent à la négociation et font leurs choux gras de plus gras encore. Sur le marché de Puèglaurenç, ça cancane, can-carde et caquette à tout va. De l'oie au lapin, les volailles s'échangent par milliers. Et chaque saison marque l'événe-ment. La fin d'année croule sous les foies et les carcasses, sous les confits et les abats. La discrétion du paysan se fait opulence de l'acheteur. Ce qui est négocié change vite de mains, future abondance des tables de Cocagne.

« Al mercat de Pechlaurenc ». *Photo TP-CDT 81.*

Le sentier de Saint-Sébastien

3 h 25
12 Km

325m
140m

Un moutonnement de collines abritant de riches terroirs pétris de boulbènes et de terreforts aux teintes pastel... Adossées aux coteaux, les fermes résonnent d'échos de basse-cour... Comme la promesse d'une gastronomie opulente et généreuse.

Ophrys bécasse.
Dessin N.L.

❶ Au croisement, prendre la route direction Laurendié. Traverser le hameau. Aux deux premières pattes d'oie, choisir à droite. Devant Le Galot, aller à droite.

❷ Arrivé sur un chemin empierré, prendre à gauche. Devant Salsefrique, à la patte d'oie, continuer tout droit. Traverser un chemin, puis prendre entre deux prés. Dans le bois, suivre la clôture d'une propriété privée, puis descendre à droite après l'avoir dépassée. Par un sentier côté gauche, rejoindre la route et partir à droite. Sous La Métairie-Neuve de Laval, continuer droit par la route.

❸ Devant Bertrasse, prendre à droite et tout droit. Continuer tout droit sur le goudron. En haut de la côte, opter pour le chemin à gauche direction En Rigal. En lisière d'un bois, progresser tout droit sous les pins. Au chemin, tourner à gauche. *Attention aux clôtures électriques.*

❹ A la Métairie Neuve, aller sur la route à gauche. Monter toujours tout droit sur cette route goudronnée en laissant En Julio à droite jusqu'au croisement (*calvaire*) situé en crête.

❺ Au carrefour (*calvaire*), tourner à gauche et suivre la route tout droit. 200 m après le carrefour « Bardinarié », prendre le chemin descendant à gauche juste avant le virage. Au croisement avec la route, tourner à droite en empruntant celle-ci. Rejoindre Saint-Sébastien par la route en longeant le cimetière.

Situation Puylaurens (hameau de Saint Sébastien), à 15 km à l'Ouest de Castres, entre Vielmur-sur-Agoût et Puylaurens par les D 112 et D 92

Parking à l'entrée du hameau de Saint-Sébastien

Balisage jaune

Ne pas oublier

À voir

En chemin
■ fermes et métairies
■ panoramas

Dans la région
■ Puylaurens : vieil oppidum, ancienne académie protestante, berceau de la Marianne républicaine, pittoresque marché aux veaux, au gras et à la volaille depuis le 12e siècle, le Cri de Tarzan
■ Vielmur-sur-Agoût : collégiale (11e), abbaye royale (11e) ■ Sorèze : abbaye-école, village médiéval ■ réserve ornithologique de Cambounet-sur-le-Sor
■ base de loisirs du DICOSA ■ château de Magrin (12e – 16e) : musée du Pastel ■ pigeonniers

Rouvre ou pédonculé ?

Le chêne. *Photo DR-CG 81.*

*I*dentifier un arbre n'est pas toujours aisé. Quand il s'agit du chêne, l'affaire se corse volontiers. Notamment lorsqu'on s'aventure dans certains détails. Tels ceux qui permettent de distinguer le chêne sessile (rouvre) du chêne pédonculé. Un véritable test de connaissances…

Amateur de terrains humides, le chêne pédonculé dispose d'un pétiole de feuille très court voire inexistant. Le bas de chaque feuille forme des angles caractéristiques. Enfin, ses glands sont portés par un long pédoncule. Préférant les sols meubles et peu humides, le chêne rouvre possède un long pétiole de feuille. Le bas de celle-ci est sans angle. Quant aux glands, ils poussent directement sur la branche, sans aucun pédoncule. En fait, le contraire l'un de l'autre !

Circuit boisé de La Capelle —

5 h • 20 Km 352m 144m

Situation Damiatte, à 24 km à l' Ouest de Castres direction Lavaur par la D 112

Sur les coteaux boisés qui dominent la plaine de l'Agoût, les chemins de terre gravitent au cœur de forêts accueillantes toutes emplies des échos d'une vie animale riche et variée.

 Parking parking sur la D 84 direction Graulhet

❶ Suivre la D 84 direction Graulhet. Le passage à niveau franchi, prendre le chemin à gauche. Longer la voie ferrée. Au second passage à niveau, prendre à droite sur la route. À La Cahuzière, traverser la D 49.

 Balisage jaune

❷ Traverser la route, direction La Capelle ; 70 m après le mazet de droite, s'engager sur un chemin en sous-bois à droite. Poursuivre tout droit. Aller à droite sur le goudron vers Le Bourias. Au croisement, aller à gauche. 350 plus loin, prendre le chemin à gauche. Continuer toujours tout droit.

Ne pas oublier

❸ Devant En Gontier, prendre le chemin à droite. À la première patte d'oie 150 m après, avancer tout droit. Aux deux pattes d'oie suivantes, prendre à gauche. Sur la route en bas de côte, aller à droite sur le goudron, poursuivre tout droit et prendre à gauche direction La Bouriasse ; 30 m devant La Bouriasse, prendre le chemin à gauche. 200 m plus bas, aller à droite. Continuer tout droit.

À voir

 En chemin

❹ À la route en haut de côte, prendre à droite et suivre tout droit. Passer devant Bel Air. À la patte d'oie, choisir à gauche. Virer dans le premier chemin à droite. À la première patte d'oie, descendre à droite. À la deuxième, partir à gauche sur une piste ; 50 m après, s'engager sur le sentier à gauche. Déboucher sur une très large piste.

■ village de Damiatte ■ bois de La Capelle ■ pigeonnier de La Brunier ■ église de La Capelle

 **Dans la région**

❺ Sur la route, tourner à gauche. Traverser la D 84, puis En Auriol. À la première patte d'oie et aux suivantes, continuer toujours tout droit. À la route, partir à droite. Tourner dans le premier chemin à gauche direction Le Riou. À la patte d'oie après les ruines du Riou, avancer et monter tout droit. Longer En Pendarel.

■ château de Magrin (12e – 16e) : musée sur l'épopée historique du Pastel ■ vallée de l'Agoût (Vielmur-sur-Agoût, Guitalens, Serviès, Saint-Paul-Cap-de-Joux) ■ Lavaur : cathédrale Saint-Alain (12e et 16e), église des Cordeliers (13e – 16e), tour des rondes ■ Graulhet : centre important de mégisserie et maroquinerie, quartier médiéval de Panessac, pont du Moyen Âge ■ Lautrec : collégiale Saint-Rémy (15e), halles (13e), puits, porte de Caussade (12e), moulin à vent de la Salette

❻ À la patte d'oie (281 m), prendre à droite. Poursuivre tout droit sur la piste empierrée. Traverser la petite route. Sur la D 49, tourner à droite. 150 m plus loin, à gauche direction La Roussié. À la première patte d'oie, choisir à droite. Traverser Bauzele et poursuivre sur un chemin. Sur la D 84, tourner à gauche.

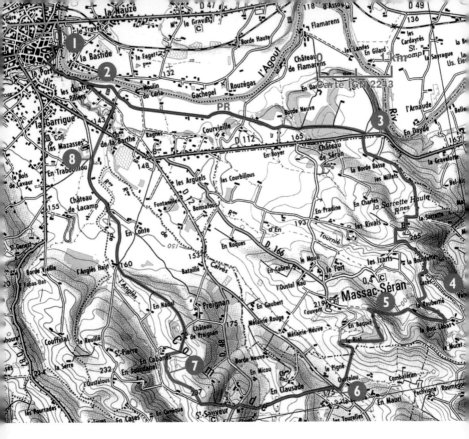

Pigeon ne fait pas que voler...

*I*ci, pour son habitat, le volatile a l'embarras du choix : colombiers en poivrière, en arcades, en rond, toulousain, pyramidal, en tour carrée, à piliers, gaillacois... Dix-sept pigeonniers de constructions variées se visitent aux environs de Lavaur ! Plus de mille huit cents dans le Tarn, ils constituent une composante essentielle de la plaine céréalière et des coteaux viticoles.

En 1600, Olivier de Serres explique pourquoi : *« Les fumiers des pigeons et autres poulailles sont les meilleurs pour la qualité et la quantité du vin, presque*

Pigeonnier près de Lavaur. *Photo TP-CDT 81.*

tous les autres ne faisant que l'augmenter en empirant son goust ».

Les colombiers tarnais sont bâtis hauts, isolés en campagne. Pour la tranquillité de l'oiseau et afin qu'il puisse surveiller les alentours.

Les collines du Vaurais

Cité d'Occitanie, durement marquée par les croisades contre les Cathares, Lavaur s'apaise aux douceurs des collines du pays de «Cocagne».

5h15
20,5 Km

255m
130m

Situation Lavaur, à 40 km à l'Ouest de Castres par la D 112

Parking pont Saint-Roch à Lavaur : suivre la D 47 en direction de Labastide-Saint-Georges (avenue du pont Saint-Roch)

 Balisage jaune

Ne pas oublier

❶ Au pont Saint-Roch, descendre la rue de la Mégisserie. À la fontaine, monter au jardin de l'évêché. Passer le portail à l'arrière de la cathédrale, la contourner. Continuer par les rues Villeneuve, Dame-Guiraude, puis la rue du Port que l'on descend. Laisser la voie sur berge ; 20m après, continuer à gauche.

❷ Obliquer à gauche. Au croisement, aller en face vers La Plaine. Poursuivre tout droit. À la patte d'oie de Borde-Neuve, avancer sur le chemin en face. À la patte d'oie en sous-bois, prendre à droite et aller tout droit.

❸ Tourner à droite sur la D 112 ; 10 m après, prendre à gauche direction Le Moulinal. Suivre le goudron prolongé par un chemin. À la patte d'oie, virer à droite et monter sur le bitume. À la patte d'oie de l'accès à Beau-Soleil, partir à gauche. À la route, descendre à gauche, puis tout droit.

❹ Devant Cazès, tourner deux fois à droite sur le chemin herbeux. Sur la piste en bas, prendre à gauche. Devant Bosc-Lébat, virer en épingle à droite sur le macadam. Au virage, quitter la route pour le chemin à gauche.

❺ Tourner à gauche sur la voie romaine. Dépasser le réservoir. 30 m plus loin, descendre à droite entre deux cultures *(propriété privée)* vers une chapelle à l'orée du bois. Poursuivre à gauche. À hauteur du Rial, virer à gauche, puis à droite. Suivre le long de la haie. Devant Oustalou, partir à droite.

❻ Sur la D 12, aller à droite ; 20 m plus loin, tourner à gauche direction Marzens. Monter tout droit. À la D 48, virer à gauche, puis à droite à l'angle de la mairie vers l'église. Continuer sur le bitume. En haut de côte, choisir le chemin à droite.

❼ À l'angle de deux champs, tourner à droite entre les deux cultures *(propriété privée)*. Devant le château de Preignan, traverser vers le chemin en face. À L'Anglès-Haut, tourner à droite sur la route. Continuer tout droit.

❽ 30 m après l'embranchement de la Fourestête, virer sur le chemin à droite. Traverser la D 112. Devant En Jean-Blanc, tourner à gauche. Rejoindre le point ❷ Remonter l'itinéraire de départ.

À voir

En chemin

■ Lavaur : cathédrale Saint-Alain (12e et 16e), église des Cordeliers (13e et 16e), tour des rondes ■ pigeonniers ■ châteaux ■ berges de l'Agoût ■ voie gallo-romaine

Dans la région

■ Giroussens : église du 16e siècle et château, ancien territoire de potiers (marché annuel, maison de la céramique), les jardins des Martels ■ forêt de Giroussens ■ Saint-Lieux-lès-Lavaur : chemin de fer touristique, ludolac (base de loisirs, baignade) ■ château de Magrin (12e – 16e) : musée sur l'épopée historique du Pastel

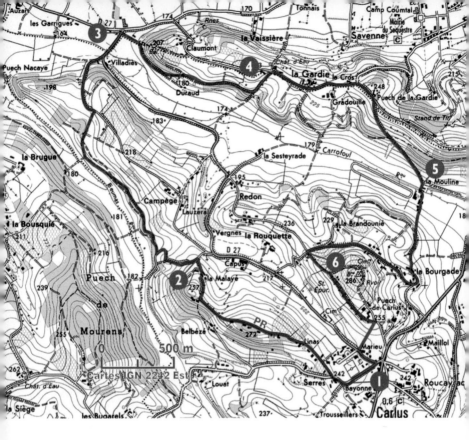

Les signes du quotidien

Carlus. *Photo TP-CDT 81.*

*I*l n'existe pas un chemin, pas un sentier sans histoire. Chacun a ses repères, ses jalons, ses balises… C'est parfois l'eau : un lavoir de pierre usée, une fontaine sculptée à l'image d'une légende, un abreuvoir plus prosaïque, une source au nom de fée ou de lieu. C'est souvent la marque du souvenir : croix profane portant la mémoire d'un accident fatal, d'un disparu autrefois heureux d'être là, d'un enfant abattu sur d'autres sentiers « glorieux ». C'est aussi l'empreinte religieuse : foule des croix cathares et catholiques, des calvaires et des stèles…

Chaque repère s'inscrit au quotidien du marcheur. Il y accroche parfois sa veste ou son sac, s'y assied pour dévorer un casse-croûte ou simplement souffler, se rassure d'être sur la bonne voie.

Les coteaux de Carlus

3 h
9,5 Km

272m
180m

Aux portes d'Albi, les collines marno-calcaires ont su garder leur caractère champêtre. Entre bois et champs, un petit bâti témoigne d'une ruralité inscrite dans le temps : murets de pierre, croix de chemins, puits, meules ou cabanons abris pour la chouette chevêche.

Situation Carlus, à 5 km au Sud-Ouest d'Albi par les D 84 et D 27

Parking bord du stade en direction de Serres

Balisage jaune

❶ Devant le stade de Carlus, partir en direction de Serres. Avancer tout droit sur la route. À la patte d'oie, bifurquer à droite direction Linas. Continuer tout droit sur le goudron, puis sur un chemin. À l'intersection avec un chemin caillouteux, tourner à droite.

❷ Sur la route, aller à gauche. Dans le deuxième virage du zigzag, choisir un large chemin à droite. Aux deux premières pattes d'oie, prendre à droite. À la troisième patte d'oie, poursuivre tout droit. Au croisement 20 m après, encore tout droit. Sur la petite route, partir à gauche. Progresser tout droit sur le goudron. Devant Viladiès, prendre à gauche.

Ne pas oublier

❸ Devant la D 27, opter pour le chemin à droite. À la patte d'oie, monter à gauche. Continuer tout droit sur le sentier.

❹ Sur la route, aller à droite *(panorama sur l'Albigeois)*. Traverser La Gardie tout droit. Laisser la voie qui descend à gauche. Face à la ferme, descendre droit un large chemin à flanc de coteau.

À voir

En chemin

■ Carlus : village et point de vue ■ petit patrimoine ■ panorama sur l'Albigeois

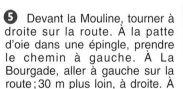

Mésange bleue.
Dessin P.R.

❺ Devant la Mouline, tourner à droite sur la route. À la patte d'oie dans une épingle, prendre le chemin à gauche. À La Bourgade, aller à gauche sur la route ; 30 m plus loin, à droite. À la patte d'oie de La Brandougnié, avancer tout droit.

❻ Au croisement en haut de côte, choisir le chemin à gauche. À la patte d'oie, prendre à droite. Devant la petite route, s'engager sur le chemin herbeux à droite. Sur le goudron, virer à gauche. Route de Rouffiac, tourner à droite vers le parking du stade.

Dans la région

■ Albi : cathédrale Sainte-Cécile (basilique 1282-1480), palais de la Berbie, ancien Archevêché, église et cloître Saint-Salvi (11e - 15e), hôtel Reynes (1520), maisons du vieil Albi, musées (Toulouse-Lautrec, Lapérouse, musée de cire) ■ Saint-Juéry : musée du Saut du Tarn (centrale hydro-électrique) ■ église Notre-Dame de la Drèche ■ Cap Découverte ■ Lagrave : archéocrypte Sainte-Sigolène , habitat wisigothique, fouille du monastère de Troclar (7e)

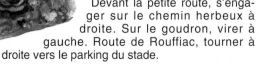

Présence de la brique

*D*ans la plaine du Tarn, l'argile est partout. Difficile de s'en extraire les jours humides ! Mais la glaise sourit quand de motte elle devient brique, quand de commune celle-ci devient unique. Pas par la quantité, elle foisonne ! Mais par le fruit de la métamorphose qui l'autorise à s'habiller de subtils coloris pour le meilleur de l'architecture régionale. Rose Toulouse mais rouges Rabastens, Gaillac et Albi. Enfin, rouges… Rouge piqueté de mille particules blanches, rouge fané, rouge ténébreux, rouge loyal…

Complice de l'imagination architecturale, la brique sait être simple pour les faubourgs, raffinée pour les hôtels particuliers de Castres et d'Albi. Maintenant, on lui trouve d'autres attraits : salubrité, capacité thermique notamment.

Rabastens. *Photo TP-CDT 81.*

Le lac des Auzerals

Le Tarn coule tranquille entre ses berges d'argile. La brique colore les architectures de Rabastens. Dans les collines, les labours perpétuent la gamme des couleurs.

3 h 30
14 Km

218m /\ 130m

Situation Rabastens, à 35 km à l'Ouest d'Albi, direction Toulouse par la N 88 ou l'A 68

 Parking place de la mairie

 Balisage jaune

Ne pas oublier

❶ Face à la mairie, partir à droite place Auger-Gaillard. Au bout, prendre à droite place du pont de Murel, puis à gauche deux fois, rue de la Croix-Saint-Jacques. Continuer tout droit. Franchir la N 88. À la patte d'oie, 25 m après, aller à gauche. À la patte d'oie du chemin du Coteau, également à gauche. Sur la route de Puycheval, à droite. Dans le lotissement, poursuivre tout droit. À la sortie, choisir le chemin de droite. Traverser la route.

❷ Franchir la D 18 ; 10 m plus loin, virer à droite. Traverser la route. Sur la piste face à l'exploitation de Cabirol, virer à droite vers l'église. Passer devant. À la patte d'oie sur la route, prendre à gauche. À la patte d'oie du calvaire des Faures, encore à gauche.

❸ À la patte d'oie des Auzerals, monter à droite. À la patte d'oie du virage suivant, à droite aussi. Passer devant La Grave. À la patte d'oie du Ferruc, descendre le chemin à droite. En fond de vallon, aller à droite vers le lac. Contourner le plan d'eau par la droite et revenir à l'entrée du vallon. Partir dans celui-ci à main droite.

 À voir

 En chemin

■ Rabastens : site fortifié, église Notre-Dame du Bourg (13e - 14e), tour du prieuré (15e), vieux hôtels (16e – 17e), hôtel de la Fite (17e, musée du Rabastinois) ■ lac des Auzerals ■ panoramas sur la vallée du Tarn

❹ Au carrefour de sentiers 80 m après, tourner à droite sur un chemin en sous-bois. À hauteur d'une habitation, suivre la piste carrossable qui conduit à une intersection. Prendre à gauche. Laisser la voie d'accès aux Cunacs. Continuer tout droit jusqu'à la route. Monter en face le chemin du réservoir d'eau. Le dépasser en prenant à droite. Descendre vers la route.

Dans la région

■ Saint-Sulpice-la-Pointe : église aux trois clochers (14e), ruines du Castela, (13e) 142 m de souterrain ■ Giroussens : église (16e) et château, jardin des Martels, ancien territoire de potiers (marché annuel, maison de la Céramique) ■ forêt de Giroussens■ Mézens : château (13e remanié) ■ Saint-Lieux-lès-Lavaur : chemin de fer touristique, ludolac (base de loisirs, baignade)

❺ Sur la D 2, prendre à droite. À la patte d'oie, aller à gauche direction Fourtet ; 110 m plus loin, s'engager sur le chemin à droite. À la patte d'oie devant la vigne, tourner à droite. À la patte d'oie du point géodésique 219, encore à droite. À la route, prendre à gauche sur le bitume. À la patte d'oie de La Maurole, aller à gauche. À la patte d'oie sur la D 18, à droite. Entrer dans Rabastens. En ville, avancer tout droit. Promenade des lices, prendre à droite direction Toulouse.

Architecture de Rabastens.
Photo TP-CDT 81

De Lisle à Sivens

Du cœur rouge brique de la vieille bastide, le sentier conduit en forêt de Sivens. En chemin, les paysages soignés du vignoble gaillacois dévoilent une fine palette de lumières et de couleurs.

❶ Du lac, partir à droite et traverser la N 88. Après le passage à niveau, prendre la première route à gauche direction Saint-Vincent, puis aussitôt à droite. Au croisement, virer à gauche, puis à droite ; 350 m après, tourner à gauche. Sur le goudron, tout droit ; 100 m après, à droite direction Oursou. Devant le hameau, aller à droite.

❷ Traverser la D 18, franchir la route suivante. Au croisement devant l'église de Montaigut, virer à gauche. Prendre la route vers la gauche puis à droite vers Bories-Vieilles. Devant les Alberts, partir à gauche. Poursuivre toujours tout droit. Traverser le chemin des Amiels. A la patte d'oie, aller à gauche. Franchir le Rabistau. Au calvaire de St-Etienne-de-Vionan, tourner à droite.

❸ Sur la D 999, prendre à gauche ; 70 m après, partir à droite. Au croisement des Planes, tout droit. À la patte d'oie, tourner à droite. À la suivante, à gauche et franchir le ruisseau de Tescou. Traverser la D 132, puis Longayrols. Continuer tout droit.

❹ Clairière de la Jasse (maison de la forêt), aller tout droit ; 120 m après, partir à gauche. Franchir la combe del Loup. Prendre la large piste en face légèrement à gauche. Rester à gauche aux deux pattes d'oie suivantes). Continuer tout droit (point coté 252), puis reprendre à gauche. Au chemin du Gourpat, tout droit.

❺ Tourner à gauche sur la D 132 ; 800 m après, à droite. À la patte d'oie après le Tescou, aussi à droite. Traverser la D 999. Traverser Bongen, Jeannès et Le Clavet. Suivre tout droit. Au carrefour devant Coudougnac, prendre à gauche ; 150 m après, à droite, puis en face entre deux vignes. Sur la voie empierrée (247 m), virer à droite, puis à gauche. Passer au Cayla. Suivre le sentier qui franchit le Rabistau.

❻ À la route, partir à droite. Au calvaire, continuer en face. À Mathieu, prendre le chemin à droite. Longer le tumulus de Saint-Salvy. Suivre tout droit sur le sentier. Entrer à Louvignes par un droite-gauche. Sur la D 18, prendre à gauche ; 270 m après, deux fois à droite. Traverser Bernis tout droit. À la patte d'oie, prendre à gauche. Franchir la route par un léger gauche-droite. Continuer tout droit sur 1,2 km.

❼ 50 m devant le calvaire, virer en épingle à gauche direction Oursou. Rejoindre l'itinéraire aller.

273m
125m

Situation Lisle-sur-Tarn, à 8 km au Sud-Ouest de Gaillac par la N 88

Parking lac du Pujol

Balisage jaune-rouge

Ne pas oublier

À voir

 En chemin

■ vignoble du Gaillacois ■ forêt de Sivens (maison forestière) ■ église Saint-Étienne-de-Vionan ■ tumulus de Saint-Salvy-de-Coutens

 Dans la région

■ Lisle-sur-Tarn : ancienne bastide, place à arcades, port (13e), musée Raymond Lafage, église gothique ■ Rabastens : site fortifié, église Notre-Dame du Bourg (13e-14e), tour du prieuré (15e), vieux hôtels (16e-17e), hôtel de la Fite (17e, musée du Rabastinois) ■ Montans : archéosite (rue gallo-romaine reconstituée)

La bastide reine

Au cœur de la cité, la place est le carrefour de toutes les rencontres. Les rues qui y convergent sont souvent, elles aussi, ornées d'arcades, passages couverts sous les habitations dans lesquels s'ouvrent des commerces, se tiennent les marchés. La place est au centre d'une édification géométrique en fuseau, en damier ou concentrique. L'ensemble est encore assez souvent protégé par une enceinte. C'est la bastide…

Place centrale de Lisle-sur-Tarn. *Photo PB-CDT 81.*

En Albigeois, la bastide est reine. D'un passionnant et foisonnant passé. Elle vibre encore, peut-être pour toujours, aux rythmes cathare, anglais et huguenot. Ses murs en sont polis, sa brique patinée et son bois fissuré. On la recherche à Cahuzac-sur-Vère. Mais on y entre par la porte de l'Hirissou à Puycelci, celle de l'Horloge à Cordes-sur-Ciel, des Garrics à Castelnau-de-Montmiral, la porte Neuve à Bruniquel. On s'apaise à la fontaine de Larroque. On pèse son grain place des Mesures à Penne. Et on y danse à Lisle-sur-Tarn, sur l'une des plus grandes places des bastides du Sud-Ouest.

Architecture de brique. *Photo PB-CDT 81.*

Le vignoble Gaillacois. *Photo PB-CDT 81.*

Cépages blancs introuvables ailleurs

Depuis toujours, le vigneron gaillacois a le souci de sélectionner les cépages les mieux adaptés au terrain et à l'exposition. Typiques, spécifiques et hauts en caractère, deux cépages gaillacois, le Mauzac et le Len de l'El (Loin de L'œil) se singularisent par leur rareté.

Le Mauzac excelle dans la construction des vins blancs. Ses arômes rappellent la pomme et la poire pour des vins tendres à faible acidité. Il existe de véritables «merveilles» en Mauzac pur. Avec une aptitude particulière à l'élaboration des mousseux, ce cépage vit seulement à Gaillac et Limoux.

Len de l'El ? Sa grappe est munie d'un très long pédoncule éloignant le raisin «loin de l'œil» (en viticulture, l'œil c'est le bourgeon). Son origine est lointaine. Il n'existe qu'à Gaillac et produit un vin à arôme très fin de type floral ou agrume. Associé au Mauzac, c'est fraîcheur et souplesse.

Dans le vignoble. *Photo CDT 81.*

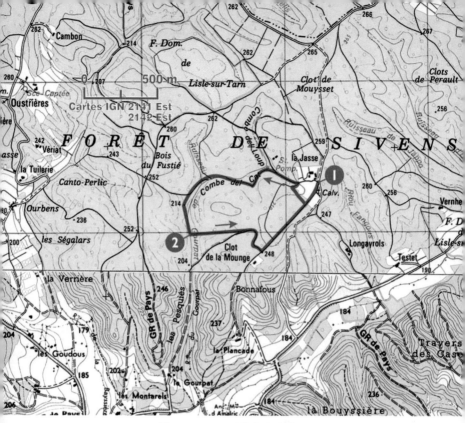

Un massif biotique

*E*n 1976, le massif forestier de Sivens est acheté aux Houillères du Bassin du Centre et du Midi par le Conseil Général du Tarn. Ce patrimoine de 620 hectares devient réserve de chasse en 1978. Aubaine animale et végétale, reconnue comme Zone Naturelle d'Intérêt Écologique Faunistique et Floristique.

À Sivens, l'intervenant s'attache à montrer le bon côté de ses actions dans un milieu qu'il veut biotique. L'exploitation forestière joue du taillis simple, du taillis sous futaie et de la futaie régulière. Côté animal, les petits carnivores sont privilégiés, qui limitent la population des rongeurs. La variété végétale atteste de la grande diversité des conditions écologiques de Sivens dont l'ambiance diffère d'alentours.

La forêt de Sivens. *Photo DR-CG 81.*

Forêt de Sivens : sentier de découverte

1 h
2,5 Km

262m
180m

Sur plus de 600 hectares de cette forêt départementale, une grande variété d'essences d'arbres, feuillus et résineux. Une richesse qui fait l'objet des soins attentifs des forestiers car l'arbre est ici support d'éducation et de sensibilisation.

Charme.
Dessin N.L.

Situation forêt de Sivens, à 11 km au Nord-Ouest de Gaillac : accès par la D 999 et la D 132

Parking
parking aménagé aux abords de la maison de la forêt départementale de Sivens

Balisage
signalétique spécifique

❶ Du panneau d'informations devant la « maison de la forêt départementale de Sivens », partir vers la gauche, puis prendre la première allée à droite. 50 m après, au premier panneau explicatif, tourner à droite. Longer la lisière de la forêt. Laisser la cabane sur la droite et entrer en sous-bois. Franchir la passerelle et prendre à droite. Aussitôt après la passerelle de la combe del Cat, aller à gauche. Arrivé sur la piste, prendre à gauche après le petit pont.

Ne pas oublier

❷ Quitter la piste pour un sentier et franchir le petit pont. Au croisement avec une large allée, s'engager sur celle-ci à gauche. Poursuivre tout droit jusqu'à la clairière de la Jasse. À hauteur du premier panneau explicatif, rejoindre la « maison de la forêt départementale de Sivens » par le parcours aller.

Randonnée en forêt de Sivens. *Photo DR-CG 81.*

À voir

En chemin

■ balade en forêt

Dans la région

■ Lisle-sur-Tarn : ancienne bastide, musée Art du chocolat ■ Montans : archéosite (rue gallo-romaine reconstituée) ■ Giroussens : église (16e) et château, jardin des Martels, ancien territoire de potiers (marché annuel, maison de la céramique) ■ Castelnau-de-Montmiral : ville forte (fortifications, anciennes portes, place à arcades, « le trésor »), base de loisirs de Vère-Grésigne

La « haute note jaune »

L a haute note jaune, si caractéristique de la production picturale arlésienne, a hanté Vincent Van Gogh au cœur de l'été 1888. Les différentes versions qu'il peint des « Tournesols » attestent de sa fascination pour la couleur. Serait-il venu camper le chevalet sur les collines du Tescou que Vincent eut imprégné la toile des mêmes flagrances...

Aux environs de Salvagnac. *Photo CDT 81.*

L'été jette en effet le feu sur les cultures du Salvagnacois. Éphémères synonymes, des dizaines de millions de tournesols illuminent le paysage comme autant de soleils. Ici, la haute note jaune colorie davantage l'alimentaire. Tout en oppositions, c'est l'intense portrait d'un pays profondément agricole et paisible, « *rond et prospère* » eut chanté Georges Brassens. Un rendez-vous pour artistes qui s'ignorent ?

Le Salvagnacois

234m
140m

Situation Salvagnac, à 18 km à l'Ouest de Gaillac par la D 999

Molles ondulations des collines et camaïeu des champs. Jeux de lumières, nuances des teintes, diversité des trames, des textures… Perspectives toujours changeantes… Autour de la plaine du Tescou, la campagne a aussi une âme d'artiste.

Parking
place de la mairie

Balisage
jaune

Ne pas oublier

❶ De la place de la mairie, prendre la grand rue sur la droite. Emprunter le passage couvert, à gauche. En sortie, virer aussitôt à gauche. Traverser le vallon. En haut de côte, tourner à droite ; 40 m plus loin, descendre à gauche. À la patte d'oie en haut de côte, à droite.

❷ Au croisement devant la route *(croix)*, tourner à gauche. À la route, prendre à droite, puis à gauche vers La Canal. Devant Saint-Barthélemy, suivre le chemin à gauche. Aux première et deuxième pattes d'oie sousbois, prendre à gauche.

À voir

❸ Traverser la D 19, direction Grazac ; 50 m après l'embranchement de Fumarel, monter à droite direction Barret. À la patte d'oie, tourner à droite. Devant l'église de Montlougue, virer à droite. Continuer direction La Croix.

En chemin

■ ancien château, vue extérieure ■ Salvagnac : tours de l'ancien château (14e et 15e), église Notre Dame avec fresques ■ métairies ■ vallée du Tescou ■ ancien moulin ■ église Saint-Angel

❹ À la corne du bois sous Cantemerle, descendre à droite. À la route, prendre à droite. À la patte d'oie des Menestrals, aller à gauche ; 10 m après, tourner sur le chemin à gauche.

❺ À la route, prendre à gauche. À la patte d'oie dans le virage, tourner à droite. Passer Fontausié. À la route, tourner à gauche ; 15 m plus loin, à droite. À la patte d'oie 30 m après, descendre à droite. Devant la propriété en crête, virer à droite. À la patte d'oie, aller à gauche. 100 m après, descendre à droite vers un plan d'eau.

Dans la région

■ Saint-Urcisse : bastide fondée en 1256, château du 16e, 17e siècle, très beau parc ■ Puycelsi : ancien village fortifié, église (14e), fortifications (11e et 12e), maisons médiévales, verger conservatoire ■ Lisle-sur-Tarn : ancienne bastide, place à arcades, port (13e), musée Raymond Lafage, église gothique, musée Art du chocolat ■ forêt de Sivens ■ maison de la forêt départementale de Sivens

❻ À la route, s'engager à gauche, puis à l'intersection à droite. Arrivé au croisement, tourner à droite. Après Les Narcisses-Basses, tourner à gauche. Au croisement, traverser. Longer le ruisseau jusqu'à l'ancien moulin. Monter jusqu'à la route et l'emprunter vers la gauche.

❼ Au stop de Saint-Angel, partir à gauche ; 40 m après le pont de Réo, monter le petit raidillon à droite *(propriété privée)*. Au large chemin, tourner à gauche ; 60 m après, à droite. Rejoindre Salvagnac en suivant la crête.

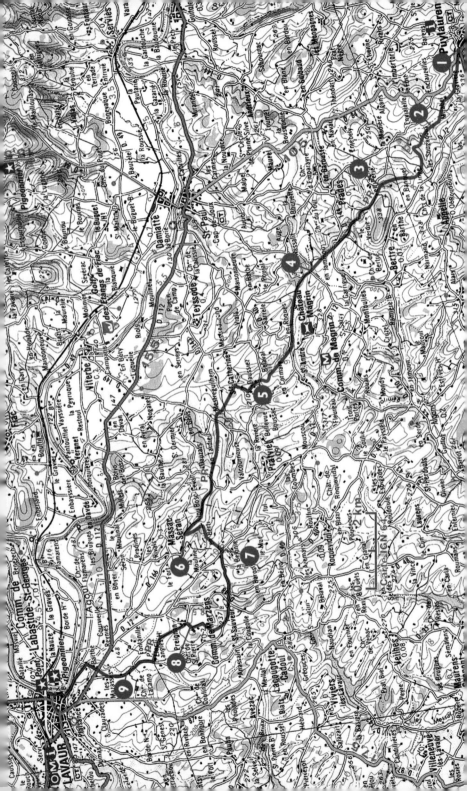

La Voie Romaine

Entre Lavaur et Puylaurens, la voie romaine court sur le dos des collines pour une traverse paysagère en pays de «Cocagne», terre du pastel.

341m
142m

❶ De la D 84, monter la première rue à gauche direction La Gravière ; 200 m après le château d'eau, quitter le goudron et descendre un chemin à droite. En fond de vallon, avant la D 84, virer à gauche. À la maisonnette ruinée, faire un droite-gauche. Longer le ruisseau tout droit.

❷ Au croisement de chemins, virer à droite. Traverser le ruisseau. Gravir le raidillon en face, puis tourner à gauche. Border le champ. Prendre le bitume à gauche, puis, 120 m après, le chemin en face. Au bout de l'étang, tourner à droite. Au croisement en haut de côte, aller à gauche. Devant Surinam, traverser. Au bitume, partir à droite. À hauteur de l'exploitation d'En Banquet, descendre le sentier à droite. Devant La Peyre, en face.

❸ Au croisement, s'engager sur la voie romaine à gauche. Progresser toujours tout droit. Traverser la route direction La Garenne.

❹ Traverser la route direction Bolo-Guiraud. Suivre toujours tout droit. Sur la D 40, prendre à gauche ; 100 m après, à droite direction La Trivalle.

❺ Franchir la route. Devant La Métairie-Neuve, bifurquer sur le chemin à gauche. Traverser la D 43, puis la route suivante.

❻ 50 m devant le réservoir, descendre à gauche entre deux cultures *(propriété privée)* vers une chapelle à l'orée du bois. Poursuivre à gauche. À hauteur du Rial, faire un gauche-droite. Devant Oustalou, partir à droite.

❼ Sur la D 12, aller à droite ; 20 m plus loin, tourner à gauche direction Marzens. À la D 48, virer à gauche, puis à droite à l'angle de la mairie vers l'église. En haut de côte, choisir le chemin à droite.

❽ À l'angle de deux champs, tourner à droite entre les deux cultures. Devant le château de Preignan, traverser vers le chemin en face. À L'Anglès Haut, tourner à droite sur la route. Continuer tout droit.

❾ 30 m après l'embranchement de la Fourestête, virer sur le chemin à droite. Traverser la D 112. Devant En Jean Blanc, tourner à gauche. Poursuivre tout droit. Monter la rue du Port. Continuer par les rues Dame-Guiraude et Villeneuve. Traverser le parvis à droite de la cathédrale Saint-Alain, la contourner. Quitter le jardin pour descendre à la fontaine. Monter la rue de la Mégisserie jusqu'au pont Saint-Roch.

Situation Puylaurens, à 22 km à l'Ouest de Castres par la N 126
Lavaur, à 40 km à l'Ouest de Castres par la D 112

 Parking en bordure de la N 126, dans Puylaurens
à Lavaur : pont Saint-Roch

 Balisage jaune

 Difficulté particulière

■ prévoir un véhicule à l'arrivée

Ne pas oublier

À voir

En chemin

■ Puylaurens : vieil oppidum, ancienne académie protestante, berceau de la Marianne républicaine, pittoresque marché aux veaux, au gras et à la volaille depuis le 12e siècle, le Cri de Tarzan ■ château de Magrin (12e - 16e) : musée du Pastel ■ panoramas ■ château de Preignan ■ Lavaur : cathédrale Saint-Alain (12e et 16e), église des Cordeliers (13e - 16e), tour des rondes

Il y a Cocagne et cocagne

Plante crucifère à fleur jaune, le pastel doit la notoriété de son nom au résultat d'un traitement destiné à obtenir une teinture de couleur bleue. Ce nom est étroitement mêlé à celui de cocagne qui, depuis Rabelais, fait rêver… Pays de Cocagne, où l'on trouve tout en abondance, dit l'Académie… Au Moyen Âge, dans le Sud du Tarn, on cultive le pastel que l'on récolte et transforme en cocagnes, puis en agranats aux seules fins de teinture.

C'est un travail patient et méticuleux de trois semaines qui permet de réaliser à la main, à partir de la pulpe de pastel égouttée et très homogène, une pelote plus ou moins sphérique dont la taille varie d'une pomme à celle d'un petit melon. C'est la coque ou

La coque. *Photo PB-CDT 81.*

cocagne. Point de rêve mirifique ! Quoique… Car la cocagne devient agranat, forme achevée de la matière tinctorale, que ses producteurs-transformateurs vendent à prix d'or.

En 1560, l'arrivée de l'indigo d'Orient marque la fin de cet «âge d'or du pastel», véritable Cocagne pour le vaste pays toulousain.

En pays de Cocagne

Les nuances d'ocres et de beiges qui teintent les labours sont un préambule au camaïeu des champs de maïs, de blé et de tournesol. De buttes en vallonnements, le chemin se fait aérien, offrant de larges perspectives vers les lignes souples de la Montagne Noire ou les crêtes immaculées des Pyrénées. Aux alentours, des fermes de caractère appuyées au flanc des coteaux, ici, un pigeonnier ou une chapelle ornée de vieux

Au bord du chemin. *Photo DR-CG 81.*

cyprès, là, un château couronné de chênes centenaires. Sur les bords du chemin argileux piqueté d'orchidées, des bouquets de genêts, de genévriers ou quelques chênes verts, distillent une ambiance méditerranéenne. Parfois, à quelques pas, un petit causse aux pelouses odorantes se chauffe au soleil…

Le château de Magrin : musée du Pastel. *Photo CDT 81.*

De solides voies

*L*e réseau des voies romaines de Gaule, commencé sous Agrippa et poursuivi jusque dans les années 50 sous Claude, a fait l'objet de soins constants d'entretien et d'efforts périodiques de réfection. La mobilité militaire mais aussi le développement économique les sollicitent alors autant que les voies fluviales et maritimes. Des documents routiers datés du IIIe siècle en donnent un état théorique. Actuellement, des portions d'itinéraires bien conservés et connus traditionnellement, des ponts toujours existants, des bornes gravées, etc, permettent de répertorier l'essentiel de ce qui a été un extraordinaire réseau routier.

Ces voies romaines suscitent encore l'in-térêt. Le marcheur ne s'y trompe pas, qui succède à des utilisateurs dont les premiers évoquent deux mille ans d'histoire (et d'histoires). C'est du costaud ! Quand il s'agit de titiller l'imaginaire mais également de parler voirie : un mètre d'amoncellement de galets, pierres et terre battue sous un pavage bombé pour évacuer les eaux de pluie.

La voie romaine. *Photo PU-CG 81.*

Le sentier du Train
(Voie Verte Albi-Castres)

D'Albi à Castres, l'ancienne voie ferrée a revêtu une tenue plus champêtre, celle d'un chemin buissonnier qui serpente paisiblement au cœur de la campagne tarnaise.

Lézard vert. *Dessin P. R.*

Façonnées par la mosaïque des cultures et des bois, les collines sont ponctuées de fermes et de pigeonniers. Elles se dévoilent en tableaux agrestes dans l'échancrure des haies vives qui jalonnent le parcours.

Première étape : d'Albi à Lombers

▶ L'aire de départ se situe à 1 km environ de l'embranchement des N 88 (contournement routier d'Albi) et 112 (direction Castres-Réalmont), au Sud d'Albi. Sur la N 112, au lieu-dit Ranteil, rejoindre le chenil municipal en zone industrielle, rue Bourgelat, à main droite. Stationner son véhicule entre le chenil et une ancienne cimenterie.

❶ Dos à l'ancienne cimenterie, s'engager sur un chemin, puis une route qui longe la voie ferrée. À hauteur de l'embranchement de la D 118, franchir le passage à niveau.

❷ Suivre la D 71 vers la droite ; 900 m plus loin, prendre à gauche vers le parking pour trouver l'emprise de l'ancienne voie ferrée à La Vigame. Continuer sur son tracé jusqu'au parking de Miramont.

❸ Continuer en face en longeant la route. Au lieu-dit « Mousquette », traverser une route, prendre en face vers l'ancienne gare. Poursuivre jusqu'à Lombers.

1re étape

4 h
15 Km

Parking Albi : voir descriptif

2e étape

4 h
15 Km

Parking Lombers : voir descriptif

3e étape

4 h
15 Km

Parking Lautrec : voir descriptif

Balisage jaune

Difficulté particulière

■ prévoir un véhicule à l'arrivée de chaque étape

Ne pas oublier

À voir

En chemin

■ Albi ■ ruines de l'église de Montsalvy ■ bourg de Labastide-de-Dénat construit autour de son château ■ pigeonniers ■ Lombers ■ Lautrec : collégiale Saint-Rémy (15e), halles (13e), puits, porte de Caussade (12e), moulin à vent de La Salette ■ Castres

Deuxième étape : de Lombers à Lautrec

▶ L'aire de départ se situe au Sud-Est de Lombers, à la bascule, à 50 m de l'embranchement de la D 4 (direction Réalmont).

❹ Partir vers le cimetière et suivre l'emprise de l'ancienne voie ferrée jusqu'à Lautrec.

Bouvreuil.
Dessin P. R.

❺ Pour rejoindre Lautrec, quitter la voie ferrée au croisement du Buguet (ancienne maison garde-barrière). Emprunter la route sur la droite sur quelques mètres, puis monter le chemin de terre ; 250 m plus haut, virer à droite. À la route, monter et gagner le bourg.

Troisième étape de Lautrec à Castres

▶ L'aire de départ se situe au Sud de Lautrec. Prendre la D 83 (direction Castres). Au lieu-dit Beau-Séjour, tourner à gauche vers le silo et Fustéri. Le départ se trouve 50 m derrière le silo.

❻ S'engager sur l'emprise de la voie ferrée vers le Sud en longeant le silo.

❼ Dans les faubourgs de Castres, traverser la D 112 et continuer sur la voie ferrée. L'arrivée se trouve 875 m plus loin, boulevard du Rey, avant la courbe vers la gauche qui aboutit à la gare de Castres *(point de départ dans le sens Castres-Albi)*.

L'ail rose de Lautrec

*B*âti en 1688, le splendide moulin à vent qui domine la cité médiévale de Lautrec est l'une de ses fiertés. Mais la réputation lautrécoise s'est établie hors architecture : en gastronomie ! L'ail de Lautrec domine le panorama.

L'histoire de ses origines est cocasse : dans le courant du 17e siècle, des colporteurs espagnols séjournant dans une auberge n'auraient pas eu de quoi payer leur écot ; l'aubergiste acceptant le paiement en nature, il trouva de l'ail rose parmi les produits reçus. De là vinrent les premières semences… Pour une production de quatre mille tonnes en fin de 20e siècle ! Qualité incomparable, conservation exceptionnelle : ces vertus lui ont fait gagner le label rouge. Le vendredi, un marché de l'ail anime les Promenades.

L'ail rose. *Photo CDT 81.*

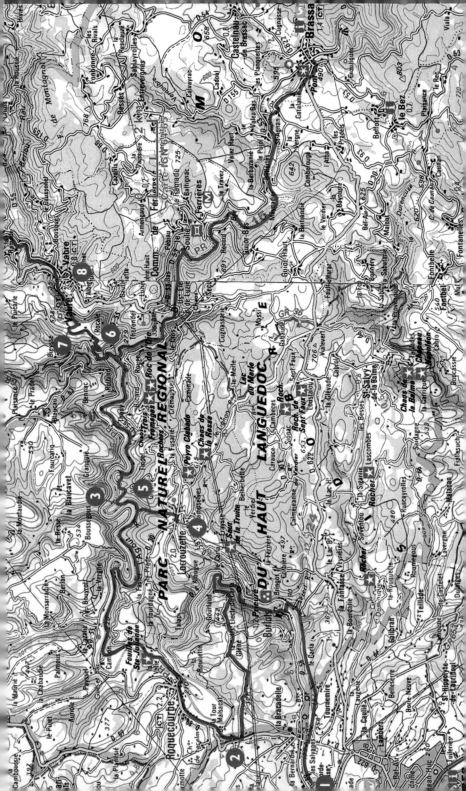

Le Petit Train de Lacaune

Itinéraire pour raviver la mémoire du « petit tortillard »

Première étape : de Castres à Lacrouzette

❶ Partir en bordure du centre équestre sur l'allée menant aux Salvages. Tourner à droite sur la D 4 ; 350 m après, virer à gauche vers La Barque. Suivre le « chemin des fontaines ». Devant Burlats, franchir la rivière. Virer à droite vers la tour de La Bistoure. Passer sous le porche et suivre le sentier rive droite passant aux ruines de Gourteau. À La Glène, suivre le goudron jusqu'à la D 89.

❷ Faire 40 m à droite sur la D 89 et prendre l'ancienne route à droite. Suivre à nouveau la D 89 jusqu'à Roquecourbe. Franchir le pont sur l'Agoût. Continuer sur la D 30 ; 550 m après, partir à gauche vers Sainte-Julianne.

❸ 50 m devant le tunnel de Provinquière, laisser la voie ferrée et grimper le sentier à droite. À la première intersection, continuer tout droit vers Lacrouzette.

Deuxième étape : de Lacrouzette à Brassac

❹ Près de l'église, prendre la route de Roquecourbe, puis à droite la rue Étienne-Grillou. À 50 m, au coin d'une maison, descendre un sentier bordé de dalles de granite.

❺ À l'intersection, 350 m avant le tunnel, choisir à droite vers Provinquière. Derrière le hameau, monter à droite entre les buis en direction de Teillède. Devant les bâtiments, grimper à gauche. Plonger ensuite sur l'autre versant. Gagner la voie ferrée par un chemin entre les buis.

❻ Pour Brassac, avancer tout droit vers le hameau du Bouissas, puis suivre la voie ferrée. À Maynadier, aller à droite sur la D 53. Tourner à droite vers Saint-Agnan. À la sortie, s'engager sur un chemin à gauche ; 500 m plus loin, prendre à droite pour atteindre Brassac.

Troisième étape : de Lacrouzette à Vabre

❹ ❺ Voir étape Lacrouzette-Brassac.

❻ Pour rallier Vabre, monter à gauche sur la D 55. Devant le pont, prendre la route à droite ; 320 m après, monter en direction de Cayssié-Grand. Sortir du hameau en faisant un droite-gauche et continuer tout droit.

❼ Au croisement, laisser la piste et monter à droite. En crête, laisser le chemin du relais TV à droite, la piste à gauche, et descendre en face, puis à gauche vers Vabre.

1re étape

7 h
25 Km
515m
187m

Parking Castres : centre équestre de la Bordebasse

2e étape

5 h 45
21 Km
511m
294m

Parking Lacrouzette : place de l'église

3e étape

3 h 50
14 Km
515m
246m

Parking Lacrouzette : place de l'église

Balisage jaune

Difficulté particulière

■ prévoir un véhicule à l'arrivée de chaque étape

Ne pas oublier

À voir

En chemin

■ Castres ■ Burlats : pavillon Adélaïde (13e), vestige de la collégiale romane ■ Roquecourbe : place à couverts, pont, colline de Sainte-Julianne (site archéologique) ■ Lacrouzette : fontaine romane du Théron ■ site des 3 viaducs ■ Ferrières : château, musée du Protestantisme ■ Brassac

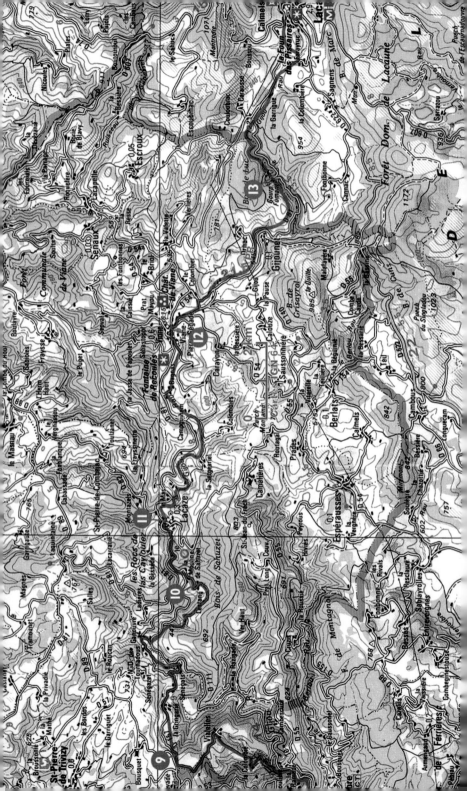

Quatrième étape : de Vabre à Lacaze

8 À la piscine, passer sous le pont par la gauche. Ensuite tout droit. À la D 171, tourner à gauche ; 750 m après, descendre à gauche. Traverser le pont et monter à gauche sur la route vers La Colombié. Devant le hameau, virer en épingle à droite sur une piste. Sur la route de Vialelles, tourner à gauche.

9 300 m après (640 m), descendre à droite sur un chemin. Sur la D 157, prendre à droite. Rejoindre Sénégats. Là, descendre un chemin creux vers le hameau du Pont. Ensuite, tout droit vers Ganoubre. Sous Notre-Dame-de-Tournadous, prendre le goudron à droite. À Ganoubre, tourner à droite vers la D 171. La traverser ; 150 m après, descendre à gauche sur un sentier qui rejoint la route 500 m plus loin. 60 m après, monter à droite sur la piste.

10 À Cayrol, descendre sur le goudron et franchir le Gijou. Sur la D 171, partir à droite. Dans la boucle à l'entrée de Lacaze, descendre le deuxième chemin à droite et traverser la rivière.

Cinquième étape : de Lacaze à Lacaune

11 De la mairie de Lacaze, partir vers le cimetière, puis Le Pujol. Au transformateur, descendre à droite dans le chemin creux. Face à la ferme de La Sautié, aller à gauche et remonter le Gijou ; 300 m après les ruines de La Roumégarié, prendre à gauche sur la route et gagner Viane. Traverser le bourg.

12 Passer le pont sur le Gijou, direction Lacaune. Suivre la D 81. À La Sigarié, tourner à gauche en direction du camping ; 200 m après, virer à droite vers Le Feignalot, puis longer la carrière. Sur la D 81, continuer tout droit ; 400 m plus loin, monter à gauche direction Le Bouissas. Aussitôt après, retrouver l'emprise de la voie ferrée, à droite. La suivre.

13 Traverser le viaduc du Gourp Fumant, puis un deuxième tunnel pour continuer sur l'emprise de l'ancienne voie ferrée. Traverser la D 81. Continuer tout droit et monter sur Farayruc. Là, tourner à gauche (vers le point coté 757) ; 150 m après, descendre à gauche en direction de l'entrée dans Lacaune.

Cincle plongeur. *Dessin P. R.*

4e étape

5 h 30 20 Km   662m 370m

Parking Vabre : dans le bourg

Difficulté particulière

■ tracé hors emprise de la voie ferrée ■ prévoir un véhicule à l'arrivée

5e étape

5 h 30 20 Km   806m 465m

Parking Lacaze : dans le village

Difficulté particulière

■ sol caillouteux (ancien ballast) ■ prévoir un véhicule à l'arrivée

Balisage jaune

Ne pas oublier

À voir

 En chemin

■ vallées du Gijou et de l'Agoût ■ Vabre : vieilles maisons (16e et 17e), pont vieux médiéval, vieux beffroi ■ Notre-Dame-de-Tournadous ■ Lacaze : château médiéval (reconstruit au 16e), église de Camalières ■ Viane : fontaine de Recoules, panorama du Rocher ■ Gijounet (pont, four à pain, lavoir) ■ Lacaune

Désenclavement hardi

La liaison ferroviaire entre Castres et «le reste du monde» est réalisée en 1865. Pas encore avec «le bout du monde», les monts de Lacaune difficilement accessibles. À l'époque, pour parvenir à Castres dans la matinée par la diligence, il faut quitter Lacaune la veille au soir vers 23 heures, Brassac dans la nuit à 1 heure... En hiver, pas de diligence par temps de neige qui dure longtemps...

Celui qui allait s'appeler «le petit train» fonctionne en 1905 et circule sur une voie étroite. Il relie Castres à Murat-sur-Vèbre, dernier bastion montagnard du Tarn, remontant les rudes vallées de l'Agoût et du Gijou. Certains termes (appliqués) d'une loi de 1865 sur le fonctionnement des chemins de fer éclairent rythme et ambiance : «...*Le chargement des marchandises s'effectuera partout où le trafic l'exigera... La vitesse du train sera celle des malleposte: 4 à 5 lieues à l'heure... Les chemins de fer à voie étroite peuvent être posés sur l'accotement des routes sans stations ni clôtures...*». Cherchez la gare !

Le site des Trois Viaducs.
Collection Bibliothèque Municipale de Castres.

Le petit train de Lacaune

En balcon sur la rivière ou engoncé dans de profondes tranchées taillées dans la roche, l'ancienne voie ferrée reste confinée au creux de versants isolés. Le parcours en conserve un caractère sauvage, seulement interrompu par la succession de clairières vivantes des bourgs montagnards. De ponts en tunnels ou en petites gares, la mémoire du petit train est toujours présente. Il a transporté le granite du Sidobre, le bois des forêts «montanholes», les volailles et le bétail vers les marchés de la plaine. Il a aussi joué son rôle aux dures périodes de la dernière Guerre et, surtout, fait le bonheur des pêcheurs et des pionniers du tourisme dans les vallées de l'Agoût et du Gijou.

Prise d'eau entre Lacazalié et Lacrouzette.
Collection Bibliothèque Municipale de Castres.

Lacaune. *Photo CDT 81.*

Un climat pour jambons

*A*u cours des années 90, la production de jambons secs des
monts de Lacaune représente 15%
des parts du marché national de la
salaison. Un chiffre significatif de la
popularité d'une charcuterie montagnarde, principalement répartie sur
les cantons de Lacaune et de Murat-
sur-Vèbre, qui s'est taillée une réputation enviable dans la fabrication des
saucisson, saucisse et
jambon secs. Les ama-
teurs déclinent plus
avant les étapes de la
transformation de la
viande de porc dont la
tradition dit bien que
*«tout dans cet animal
doit se faire valoir»*,
notamment dans les
spécialités cuites : fri-
tons, boudins, melsat,
pâtés, confits, terrines,
jambonneaux, fricand-
deaux, bougnettes...

Déjà dans l'Antiquité, les salaisons
descendent les pentes de la montagne
vers Narbonne et Béziers, échangées
contre le sel marin, si précieux, et le
vin. On s'en régale toujours. Le
secret ? Il est simplement naturel.
Dans les monts de Lacaune, des
conditions climatiques particulières
favorisent le salage et le séchage à
l'air libre.

Charcuterie de Lacaune. *Photo DR-CG 81.*

Sentier du Ségala

D'Ambialet à Pampelonne, entre vallées du Tarn et du Viaur, le Ségala, terre d'élevage offre un paysage rythmé par de molles ondulations. Lézert, Cérou et Céret y ont découpé des ravins forestiers pour mieux surprendre le randonneur.

Première étape : d'Ambialet à Valderiès

❶ Rive droite, à l'arrière de l'hôtel du Pont, grimper le sentier vers la D 74. Sur celle-ci, partir à gauche. À l'épingle (261 m), prendre la piste forestière à droite. Elle se poursuit en sentier jusqu'au hameau du Périé. Le traverser. Aux dernières maisons, bifurquer sur un chemin à droite. Franchir le ruisseau d'Aygou. Monter en face. Passer à la ferme de Régagnac ; 200 m plus loin, aller à droite entre les champs (396 m).

❷ Tourner à droite sur la D 94 ; 130 m après, virer à gauche ; 200 m plus loin, tourner à droite devant la maison. Traverser la D 100. Poursuivre tout droit jusqu'à l'esplanade aménagée en forêt de Sérénac. Traverser le goudron, puis contourner la maison forestière en longeant la lisière. Au bout du pré, partir à droite et suivre tout droit. Descendre. À l'embranchement, aller à gauche. Ensuite, tout droit à chaque croisement. Dans la descente vers le ruisseau, virer à gauche. Franchir la passerelle sur le Lézert. Continuer à droite, monter à gauche dans le bois. À l'embranchement, bifurquer à gauche. Dans un pré, passer à gauche de la ruine et prendre le chemin vers Fonbonne.

❸ Devant la ferme de Fonbonne, tourner à gauche sur la D 94 ; 400 m après, virer à droite vers La Salinié. Traverser le hameau. Descendre et sauter un ruisseau. Monter à droite. Descendre un chemin pentu. Franchir à nouveau le ruisseau et monter *(propriété privée)*. Sur la route, partir à droite. Passer le pont sur le Guilhou ; 280 m plus loin, virer à gauche sur un sentier vers Saussenac.

❹ Sur la place du village, choisir la route à droite. Traverser Vitou tout droit. Au carrefour suivant, poursuivre à gauche sur la D 116. Après 560 m, tourner à gauche et 180 m plus loin, prendre à droite. Traverser la D 903, puis tout droit jusqu'au calvaire. Là, partir à gauche ; 650 m après, tourner à droite. Franchir le ruisseau de Coules. Sur la route, aller à droite. Passer devant Prugnas et La Rivière. À La Gausserandié, prendre le chemin à gauche vers la station d'épuration ; 600 m plus loin, virer à droite pour gagner Valderiès.

1re étape

5 h 15
19,5 Km

418m
193m

Situation Ambialet, à 23 km à l'Est d'Albi via Saint-Juéry

 Parking près de la centrale électrique d'Ambialet

 Balisage jaune

 Difficulté particulière

■ prévoir un véhicule à l'arrivée

Ne pas oublier

À voir

En chemin

■ Ambialet : méandre du Tarn, chapelle du prieuré (16e), église, ruines du château
■ forêt de Sérénac : maison forestière, borne Méridienne Verte, base de loisirs
■ Valderiès : maisons anciennes, église avec chœur en schiste, dolmen et panorama du Puy Saint-Gorges

Dans la région

■ Cagnac les Mines : ancien centre minier, site du musée de la mine avec galerie et chevalet
■ Cap Découverte

Deuxième étape : de Valderiès à Pampelonne

5 De l'église, rejoindre à gauche le cimetière de Valderiès. Prendre le sentier vers la D 71. La franchir. Traverser Bégous. À la sortie, tourner sur la route à droite. Apres ; 370 m, prendre le chemin à gauche. Franchir le ruisseau de Marguestautes. À Saint-Julien, bifurquer à gauche sur la route.

6 À la patte d'oie (388 m), prendre le chemin à droite. Sur le goudron, aller à droite. Longer La Croix-de-Marque, puis s'engager sur le chemin vers le pont de Maux. Devant lui, virer à gauche et longer la rive gauche du Cérou jusqu'au pont de Boussac (269 m). Devant ce pont, monter à gauche sur la D 71.

7 À la patte d'oie (285 m), quitter la D 71 par la droite. Franchir le Cérou. Aussitôt après le pont, tourner à droite sur un sentier à l'angle d'une cabane. Monter la ligne de crête. Passer la ferme de Soupis. Au calvaire, partir à droite sur le goudron. Continuer jusqu'au centre de Saint-Jean-de-Marcel. Face à une menuiserie, prendre un chemin bordé d'arbres. Longer une clôture. Border le bois par la droite. Franchir la clôture.

8 À Carfélou, descendre à gauche vers la passerelle et franchir le ruisseau de Céroc. Au goudron, tourner à gauche. Traverser Montpieu tout droit. À la sortie, devant la patte d'oie (397 m), partir à gauche sur le chemin vers la Croix de Mille. Là, virer à droite sur la route. Franchir la voie ferrée et la N 88 vers Maymac. Dans le hameau, prendre le chemin à gauche. Passer à Fourcheval. Sur la route, aller à gauche.

9 Au barrage de Fontbonne, tourner à droite devant le pont. Longer la retenue d'eau ; 150 m avant le pont, virer à droite vers Monsec. Devant la ferme, tourner à droite en direction de Lunaguet. Derrière le cimetière, bifurquer à gauche ; 200 m après, tourner à droite. Toujours tout droit sur un large chemin. Passer le ruisseau des Couailles. Monter court, puis tourner à gauche sur une voie empierrée ; 200 m avant La Lande (382 m), tourner à droite ; 500 m après, descendre à gauche vers la D 53, puis Pampelonne.

Faucon crécerelle.
Dessin P. R.

2e étape

6h15
23 Km
401m
268m

Situation Valderiès, à 17 km au Nord-Est d'Albi

Parking dans le village de Valderiès

Balisage jaune

Difficulté particulière

■ prévoir un véhicule à l'arrivée

Ne pas oublier

À voir

 En chemin

■ vallée du Cérou
■ barrage de Fontbonne
■ vallée du Viaur
■ Pampelonne : ancienne bastide (12e), ruines du château de Thuriès (12e)

 **Dans la région**

■ Carmaux : ville minière (l'extraction traditionnelle du charbon date du 17e siècle), monument Jean Jaurès ■ lac de La Roucarié ■ Tanus : église romane de Las Planques, les deux viaducs, Tanus-le-Vieux

Terre à seigle

« *Terre à seigle* » (d'où vient d'ailleurs son nom) dit-on du Ségala pour mieux souligner son dénuement cultural. L'appellation désigne un large ensemble de hautes-terres longtemps considérées comme pauvres et ingrates. Une légère ondulation entaillée par de profondes vallées résume un paysage qui affirme la seule vocation d'élevage de la majorité du terroir. L'herbe tapisse ce plateau. Ovins et bovins se partagent les pâtures et la culture fourragère se développe. Çà et là, chênes, hêtres et aubépines émergent en dessinant un canevas bocager relativement desserré. Le regard porte infailliblement loin. Sur le Ségala, l'horizon prend ses distances.

En Ségala. *Photo CDT 81.*

Les bois s'annoncent à l'amorce du moindre ravin dont ils couvrent entièrement les flancs. Ils s'étendent librement en taillis parfois très denses de châtaigniers, de chênes et de hêtres. Les châtaigneraies d'autrefois sont à l'abandon. Aux larges perspectives du plateau supérieur succède une profondeur boisée propice à l'aventure.

Le belvédère du Ségala

Historien régional, Albert Besombes a écrit un ouvrage au titre évocateur pour ceux qui traversent le plateau du Ségala, entre Tarn et Viaur : « Autour du Puy Saint-Georges ». Évocateur, car l'endroit est bien celui d'où l'on bénéfice de la meilleure vue sur la « terre à seigle », d'un panorama parfois bien large. Si l'on n'y prend garde, l'œil peut s'y noyer, surtout en été quand les herbes et les haies jouent à saute-mouton sous le feu rasant du soleil…

Les amoureux du lieu le baptisent solennellement « belvédère du Ségala » ! Il est d'ailleurs vrai qu'en terme de baptême une église est née au 13e siècle sur le Puy Saint-Georges. Ses restes éventrés dominent encore avec aise le point haut, assis sur les vestiges de l'époque mérovingienne. Quelques sarcophages dorment toujours dans la terre de l'ancien cimetière où la dernière sépulture eut lieu vers 1826. La permanence d'un tel vigile vaut quiétude d'esprit pour le promeneur que le bocage pourrait surprendre.

Vers le puy Saint-Georges. *Photo DR-CDT 81.*

Paysage du Ségala. *Photo CDT 81.*

Chef-d'œuvre médiéval

*L*a statuaire de Monestiés fait la réputation du village. Vingt statues grandeur nature représentent les trois derniers épisodes de la Passion ! Sculptés dans la pierre calcaire et peints en polychromie, les personnages sont impressionnants, qui témoignent de la Crucifixion, de la Piéta et de la Mise au Tombeau. Du fait de sa conception et de sa disposition, cette œuvre datée de 1490 est considérée comme unique en Europe. Blotti pour ronronner, le village se berce au rythme des eaux du Cérou et invite à humer les parfums médiévaux dans la profondeur de ses rues et ruelles. De la chapelle Saint-Jacques, havre de pèlerins détenteur de la statuaire depuis 1774, on plonge effectivement dans un labyrinthe moyenâgeux aux subtils délices architecturaux.

Sanctuaire de Monestiés. *Photo DR-CDT 81.*

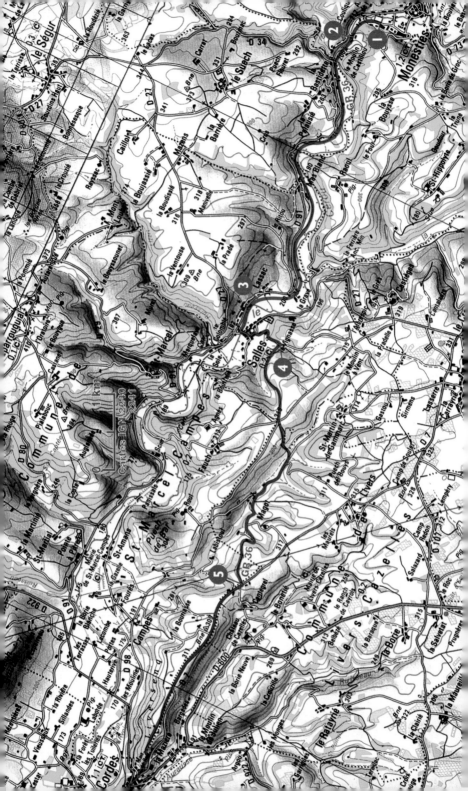

La vallée du Cérou

**4 h
14 Km**

316m
205m

Né sur les hauteurs du Ségala tarnais et après avoir traversé le bassin de Carmaux, le Cérou se fraye un passage entre les plateaux herbagers du Ségur et les reliefs plus tabulaires du causse d'Albi-Cordes. Une vallée corridor qui se décline en anciennes cités du Moyen Âge.

ulne glutineux. Dessin N.L.

Situation Monestiès, à 6 km à l'Ouest de Carmaux par la D 91

 Parking
■ à Monestiès, devant le stade près de la maison de retraite ■ à Cordes, place de la Bouteillerie

❶ Face au stade, rejoindre par la gauche l'emprise de l'ancienne voie ferrée et continuer tout droit. Devant une voie privée, 10 m après un raidillon, monter sur le sentier à gauche.

 Balisage
blanc-rouge

❷ Devant la route, continuer à gauche. Au carrefour de pistes, prendre en face au milieu. Sous Mas-Blanc, suivre tout droit. Toujours tout droit. Au carrefour du Moulin de la Prade, suivre en face au milieu.

 Difficulté particulière

■ prévoir un véhicule à l'arrivée

❸ À l'entrée de Salles, aller à gauche sur la D 91. Au carrefour, tourner à gauche direction Virac. Franchir le Cérou et tourner à gauche. Virer à droite devant l'église, puis la tour médiévale. Au bout de la rue, partir à gauche. Suivre le goudron.

Ne pas oublier

❹ Quitter la route pour le premier chemin à droite (230 m). Au croisement (319 m), partir en face sur le bitume ; 30 m après, se faufiler à gauche sur le sentier entre les arbres. Sur la route, tourner à droite. À la patte d'oie, 60 m après, tout droit. À la patte d'oie, 50 m devant le pont, monter à gauche. Suivre tout droit sur le goudron. À la patte d'oie, descendre à droite. À la patte d'oie suivante (250 m), monter à gauche. Dans le virage, gravir le chemin de lisière en face.

 À voir

 En chemin

❺ Prendre la D 7 à droite. Suivre tout droit. À l'entrée du tournant, 100 m après un panneau « virages sur 2000 m », choisir le chemin à droite. À la patte d'oie, aller sur le sentier en face. Descendre ce sentier sous le promontoire. Sur le goudron, aller à droite, puis tout droit jusqu'à la place de la Bouteillerie.

Monestiés « plus beau village de France ». Photo CDT 81.

■ **Monestiès** : village médiéval, église gothique (13e), chapelle Saint-Jacques, mise au Tombeau (15e) ■ vallée du Cérou et ses moulins ■ **Salles** : église mi-romane, mi-gothique avec quatre statues du 16e ■ panorama sur Cordes-sur-Ciel ■ **Cordes-sur-Ciel** : cité forteresse (13e), bastide remarquable, musées, site classé, remparts, portes, maisons principales

Dans la région

■ **Carmaux** : ville minière (l'extraction traditionnelle du charbon date du 17e siècle), monument Jean Jaurès

RandoCarte

Découvrez
tous les avantages
de la RandoCarte
pour randonner
en toute sécurité et
soutenir l'action de
milliers de bénévoles
qui aménagent et
protègent les chemins.

Avec la FFRandonnée

Partez d'un Bon Pas !

Une Assurance adaptée

Une Assistance 24h/24

Des Services personnalisés
réservés aux adhérents

De nombreux Avantages

Pour en savoir plus
et recevoir une
documentation détaillée :

Centre d'information
01 44 89 93 93
(du lundi au samedi entre 10h et 18h)

ou consulter
notre site Internet :

www.ffrandonnee.fr

Fédération Française
de la Randonnée Pédestre
14, rue Riquet - 75019 Paris
Tél. 01 44 89 93 93
Fax 01 40 35 85 67

BIBLIOGRAPHIE

CONNAISSANCE DE LA RÉGION

• Biget J.-L. (textes) et Escourbiac M. (photos), *Sainte-Cécile d'Albi, peintures,* Éditions Odyssée, 1994
• Biget J.-L. (textes) et Escourbiac M. (photos), *Sainte-Cécile d'Albi, sculptures,* Éditions Odyssée, 1997
• Biget J.-L. (textes) et Escourbiac M. (photos), *La cathédrale Sainte-Cécile d'Albi, voir et comprendre,* Éditions Odyssée, 1998
• Blau N., Cugnasse J.-M., Maurel C., S. Nicolle, *Les oiseaux du Parc Naturel Régional du Haut-Languedoc,* Parc Naturel Régional du Haut-Languedoc, Éditions du Rouergue, 2001
• Cousteaux F. et Plageoles R., *Le vin de Gaillac, 2000ans d'histoire,* Éditions Privat, 2001
• Cros P., *Châteaux, manoirs et logis,* Éditions Patrimoines et Médias, 1999
• Devynck D., *Toulouse-Lautrec, Les affiches,* Éditions Odyssée, 2001
• Gaubert J.-P. (textes) et Rousseau D. (photos), *Castres, 2000 ans d'histoire,* Éditions Privat, 2000
• Hiver-Berenguier J.-P., Jungblut G. et Rousseau D., *Tarn, pays de contrastes,* Éditions Privat, 1995
• Poux D. (textes) et P. (photos), *Albi et le pays des bastides,* Édition Grand Sud, 1998
• Roques J., *Bajen ou la poésie du silence,* Éditions Odyssée, 1999
• Roques J ., Rousseau D., *Le Tarn,* Éditions Siloë, 1990
• Rousseau D., *Lescure-d'Albigeois, un village de France aux portes de l'an 2000,* Mairie de Lescure, 1999
• Ruffié R. (textes) et Taillefer D. (photos), *Lavaur, cité cathare en Pays de Cocagne,* Éditions Privat, 2000
• Sangouard A. et J., Rousseau D., *La mise au tombeau de Monestiès,* Éditions Siloë, 1992
• Urbano P. et Rousseau D., *Sidobre, haut lieu du Tarn,* Éditions Privat, 1995
• *Le Tarn et ses pays,* Éditions Privat, 2001
• *Guide Gallimard du Tarn,* 2001
• *Histoire d'Albi,* Sous la direction de Jean Louis Biget, Éditions Privat, 2000
• *Tarn aux couleurs de l'Occitanie,* Encyclopédie, Éditions Bonneton, 1998

CARTES ET TOPO-GUIDES DE RANDONNEE

• Au delà des sentiers d'intérêt départemental présentés dans ce guide, de nombreux itinéraires «d'intérêt local» créés à l'initiative de communes, intercommunalités, offices de tourisme, syndicats d'initiative ou encore associations permettent de compléter la découverte des espaces et paysages tarnais. Les informations relatives à ces parcours sont disponibles dans les offices de tourisme et syndicats d'initiative locaux.
• La collection ONF «Promenons-nous dans les forêts du Tarn» offre un interprétation des forêts tarnaises.
• Carte IGN au 1 : 25 000 : n° 2140 E, 2141 O et E, 2142 E, 2143 E, 2240 O et E, 2241 O et E, 2242 O et E, 2243 O et E, 2244 O et E, 2340 O et E, 2341 O et E, 2342 O et E, 2343 O et E, 2344 O et E, 2442 O et E, 2443 O et E, 2444 O.
• Pour une vision plus large de la région, nous vous conseillons la carte IGN du Tarn au 1 : 100 000 (Carte touristique de l'espace et du patrimoine) et la carte IGN de Midi-Pyrénées au 1 : 275 000 (Collection Découvertes Régionales).
• Pour connaître la liste des Topo-guides® édités par la Fédération Française de la Randonnée Pédestre, demander notre catalogue gratuit au *Centre d'information* (voir infos pratiques p. 15).

REALISATION

L'élaboration de ce guide a été assurée par le Comité départemental du Tourisme du Tarn en collaboration avec le Comité départemental de la randonnée pédestre du Tarn et le Service Espace et Paysages du Conseil Général du Tarn.

Les itinéraires décrits dans ce topo-guide sont identifiés «sentiers d'intérêt départemental». Par leurs caractères spécifiques, ils contribuent à exprimer la diversité et l'originalité des paysages tarnais. Leur gestion est entièrement assurée par les services du Conseil Général du Tarn en collaboration avec le Comité départemental de la randonnée pédestre du Tarn.

Tous les itinéraires pédestres présents dans ce guide sont inscrits au PDIPR.

18 sentiers et 3 GR® présents dans ce guide se situent sur le territoire du Parc naturel régional du Haut-Languedoc.

Selon une répartition géographique, le balisage et la surveillance de ces sentiers sont assurés sous l'égide du Comité départemental de la randonnée pédestre du Tarn par les associations de randonnée affiliées à la Fédération française de la randonnée pédestre

Sous la responsabilité du Service Espace et Paysages du Conseil Général, les aménagements (débroussaillage, équipements,…) sont réalisés par des équipes de structures d'insertion et par l'équipe technique randonnée du Conseil Général.

Les descriptifs des itinéraires et les bandeaux techniques ont été réalisés par le Comité départemental de la randonnée pédestre du Tarn. La coordination de ces travaux a été assurée par Bertrand Leparq.

Le texte de présentation «Découvrir le Tarn» et les «sous-titres paysages» ont été écrits par Patrick Urbano du Service Espace et Paysages du Conseil Général du Tarn.
Les textes thématiques de découverte ont été rédigés par Jean-Marie Hulbach (association CIME).

Les photographies sont de Donatien Rousseau *(DR.-CG 81.)*, Patrick Urbano *(PU-CG 81)*, Pierre Bertrand *(PB-CDT 81)*, Thierry Pons *(TP-CDT 81)*, Dominique Viet *(DV-CRT)*, Christian Aussaguel *(LPO Tarn)* et du CDT du Tarn.

Les illustrations sont de Nathalie Locoste *(N.L.)* et Pascal Robin *(P.R.)*.
Les infos pratiques ont été rédigées avec la collaboration d'Anne-Marie Minvielle.

Montage du projet et direction des collections et des éditions : Dominique Gengembre.
Production éditoriale : Isabelle Lethiec.
Suivi de fabrication : Jérome Bazin, Elodie Gesnel, Céline Lépine.
Secrétariat d'édition : Philippe Lambert, Marie Décamps.
Cartographie et couverture : Olivier Cariot, Frédéric Luc.
Schémas de couverture : Noël Blotti. Mise en page : MCP.
Lecture et corrections : Élisabeth Gerson, Anne-Marie Minvielle, Hélène Pagot et Gérard Peter.
Création maquette : Florelle Bouteilley, Isabelle Bardini - Marie Villarem, Fédération française de la randonnée pédestre. Les pictogrammes et l'illustration du balisage ont été réalisés par Christophe Deconinck, excepté les pictogrammes de jumelles, gourde et lampe de poche qui sont de Nathalie Locoste.

Cet ouvrage a été réalisé avec le concours financier du Conseil Général du Tarn.

Pour découvrir
la France à *pied*®

Vous venez de découvrir un topo-guide
de la collection "Promenade et Randonnée". Mais savez-vous
qu'il y en a plus de 200, répartis dans toute la France, à travers...

Une région

Un parc naturel

Un pays

Un département

INDEX DES NOMS DE LIEUX

Compogravure : MCP, Orléans
Imprimé par Oberthur Graphique, Rennes